Thomas Bergmann

STOCK
entdecken
HOLM

INHALT

Wissenswertes 4

außergewöhnlich- sehenswert
attraktiv: Stockholm..................4
Amsterdam: Ereignisreiche Geschichte.........6
Sprache und Wortschatz......................8
Kulinarische Vielfalt.......................10
Klima.......................................12
Anreisemöglichkeiten........................14
Fortbewegung vor Ort........................18
City Go Card Stockholm......................20
Zusammengefasst: FAQ's......................22
Verlässliche Hilfe 28

Sehenswürdigkeiten 32

Vasa Museum.................................36
Kungliga Slottet............................38
Gamla Stan..................................40
Boulevard Strandvägen.......................42
Freilichtmuseum Skansen.....................44
Gröna Lund Tivoli...........................46
Schloss Drottningholm.......................48
Avicii Arena................................50
Avicii Experience...........................52
Skogskyrkogården............................54
Biblioteksgatan und Drottninggatan..........56
U-Bahn-Kunst................................58
Technische Universität......................60

Museen 62

Nobelpreismuseum............................66
ABBA das Museum.............................68
Tekniska....................................70
Fotografiska museet.........................72
Moderna Museet..............................74
Nationalmuseum..............................76
Kindermuseum Junibacken.....................78
Vrak..80
Paradox Museum..............................82
Spielzeugmuseum Bergrummet..................84
Wikingermuseum..............................86
Nordiskamuseet..............................88
Spritmuseum.................................90

Farbbalken
Die Kapitel sind farbig markiert, sodass du dich einfach im Buch zurecht findest

Übersichtskarte
Einen Überblick über Stockholm kannst du dir mit unserer Onlinekarte oder auf Seite 30/31 machen

Index
Du findest unser Stichwortverzeichnis auf Seite 168/169

Prinz Eugens Waldemarsudde........92	Östermalms Saluhall......................130
Museum für Naturgeschichte.........94	Hötorgshallen..........................132
Königliches Waffenmuseum............96	Strandbars..............................134
Polizeimuseum............................98	Polkagris................................136
	Hausmannskost........................138

Natur   100

Typisch Stockholm   140

Stadshuset....................................104
Haga Ocean..................................106
Ivar Lo's Park................................108
Observatorielunden.................109
Lusthusportens Park....................110
Bergianska Trädgården................112
Kungsträdgården.........................114
Schloss Rosendal.........................116
Schärenstadt Vaxholm.................118

Wachablöse................................144
Amphibienbus............................145
Järnpojke...................................146
Königliche Kanatour...................148
Nachtleben................................150
Konserthuset.............................152
Nachtführung............................154
Mittsommer...............................156
Kaltbadehaus............................158
Weihnachtsmarkt......................160

Kulinarisches   120

Lohnenswerte Adressen   162

Traditionelle Fika.........................124
Meatballs for the People...............126
ICEBAR Stockholm.......................128

Hinter dem Pseudonym Thomas Bergmann steht Martin Reinhard Podlasly, geboren 1966 und ein waschechter Hamburger. Unter seinem Klarnamen sowie dem Pseudonym Thomas Bergmann veröffentlicht er regelmäßig Reiseführer.

außergewöhnlich – sehenswert – attraktiv: STOCKHOLM!

Stockholm, die lebendige Hauptstadt Schwedens, beeindruckt mit einer einzigartigen Mischung aus Geschichte, Kultur und atemberaubender Natur. Die Stadt erstreckt sich über 14 Inseln, die durch zahlreiche Brücken miteinander verbunden sind, und vereint architektonische Eleganz mit einer malerischen Wasserlandschaft. Hier treffen königliche Prachtbauten auf moderne Stadtviertel, historische Gassen auf trendige Szeneviertel. Wer Stockholm besucht, erlebt eine Stadt, die Tradition und Innovation auf faszinierende Weise vereint.

Ein echtes Wahrzeichen ist die Altstadt Gamla Stan, deren kopfsteingepflasterte Straßen und farbenfrohe Gebäude ein Gefühl vergangener Jahrhunderte vermitteln. Beim Schlendern durch die verwinkelten Gassen entdeckt man charmante Cafés, kleine Boutiquen und beeindruckende Sehenswürdigkeiten wie das Königliche Schloss oder die Storkyrkan, die älteste Kirche der Stadt. Besonders stimmungsvoll wirkt Gamla Stan in den Abendstunden, wenn das warme Licht der Laternen die historischen Fassaden zum Leuchten bringt.

Doch Stockholm ist nicht nur eine Stadt voller Geschichte, sondern auch eine Metropole mit kreativer Energie. Design, Mode und Musik prägen das Stadtbild und machen sie zu einem Hotspot für Kunst- und Kulturliebhaber. Museen wie das Vasa-Museum, in dem ein nahezu vollständig erhaltenes Kriegsschiff aus dem 17. Jahrhundert zu bestaunen ist, oder das Fotografiska, das mit wechselnden Ausstellungen zeitgenössischer Fotografie begeistert, laden zum Entdecken ein.

Auch kulinarisch hält Stockholm einige Überraschungen bereit. Ob fangfrischer Hering, saftige Köttbullar oder der beliebte Räksmörgås – die schwedische Küche setzt auf hochwertige Zutaten und fein abgestimmte Aromen. Eine Fika, die traditionelle Kaffeepause mit Zimtschnecken oder Kardamombrötchen, gehört zu den absoluten Must-Dos und bietet die perfekte Gelegenheit, das entspannte Lebensgefühl der Stadt zu genießen.

Die verschiedenen Viertel Stockholms haben ihren ganz eigenen Charme. Während Södermalm mit seinen hippen Cafés und Vintage-Läden ein Paradies für Kreative und Trendbewusste ist, besticht Östermalm mit eleganten Boutiquen und edlen Restaurants. Djurgården hingegen lockt mit weitläufigen Grünflächen und beliebten Ausflugszielen wie dem Skansen-Freilichtmuseum und dem Vergnügungspark Gröna Lund.

Mit seiner einzigartigen Lage am Wasser, den zahlreichen Sehenswürdigkeiten und der entspannten Atmosphäre ist Stockholm ein unvergessliches Reiseziel. Ob du mit dem Boot durch die Schären fährst, auf einem Spaziergang entlang der Uferpromenade das Panorama genießt oder in einem ge mütlichen Café das Treiben der Stadt beobachtest – hier erwartet dich eine Stadt, die mit ihrer Vielseitigkeit und Schönheit begeistert.

Stockholm: Eine ereignisreiche
GESCHICHTE

Die Ursprünge Stockholms reichen tief in die Geschichte Skandinaviens zurück. Schon in der Wikingerzeit spielte die Region eine bedeutende Rolle als Handels- und Siedlungsgebiet. Archäologische Funde, darunter alte Runensteine und Überreste frühmittelalterlicher Handelsplätze, zeugen von der frühen Bedeutung dieses Ortes. Besonders das Gebiet um Birka, eine der ältesten bekannten Handelsstädte Schwedens, gibt Einblick in das Leben der damaligen Zeit und gehört heute zum UNESCO-Weltkulturerbe.

Im Mittelalter entwickelte sich Stockholm zu einem strategisch wichtigen Knotenpunkt. Durch seine Lage zwischen dem Mälarsee und der Ostsee wurde die Stadt zum Zentrum des Handels und der Politik. Der Bau der beeindruckenden Stadtmauer, die enge Gassen und prächtige Gebäude schützte, zeugt noch heute von dieser Zeit. König Magnus Ladulås spielte eine entscheidende Rolle in der Stadtgeschichte, indem er Stockholm im 13. Jahrhundert weiter ausbaute und befestigte.

Die Hansezeit brachte wirtschaftlichen Aufschwung und kulturellen Einfluss aus ganz Europa. Kaufleute aus Lübeck, Danzig und anderen Hansestädten prägten das Geschäftsleben, und Stockholm wurde zu einem bedeutenden Handelsplatz für Waren wie Pelze, Eisen und Getreide. Das Stockholmer Schloss, das an der Stelle einer älteren Festung errichtet wurde, ist ein Symbol dieser Zeit und diente über Jahrhunderte als königliche Residenz.

Im 17. Jahrhundert erlebte Stockholm seine Blütezeit als Hauptstadt des schwedischen Reiches. Unter der Herrschaft von Gustav II. Adolf und später Karl XII. wuchs die Stadt rasant, und prächtige Barockbauten wie das Riddarhuset oder das Königliche Schloss entstanden. Gleichzeitig wurden Kunst und Wissenschaft gefördert, und Stockholm wurde zu einem intellektuellen Zentrum Skandinaviens. In dieser Zeit entstanden auch bedeutende Institutionen wie die Stockholmer Universität und die Königliche Akademie der Wissenschaften, die das geistige Leben der Stadt bis heute prägen.

Mit der Industrialisierung im 19. Jahrhundert veränderte sich das Stadtbild erneut. Die Bevölkerung wuchs rasant, und neue Stadtviertel entstanden. Während in Gamla Stan die mittelalterlichen Strukturen erhalten blieben, entwickelten sich Norrmalm und Södermalm zu modernen urbanen Zentren. Der Schiffbau, der Maschinenbau und die Textilindustrie brachten wirtschaftlichen Aufschwung, und Stockholm etablierte sich endgültig als führende Metropole Schwedens. Gleichzeitig führte die wachsende Industrialisierung zu sozialen Herausforderungen, die mit der Einführung von Arbeitsrechten und sozialen Reformen begegnet wurden.

Wissenswert

Im 20. Jahrhundert wurde Stockholm zur modernen Hauptstadt eines wohlhabenden und fortschrittlichen Landes. Die Einführung des Wohlfahrtsstaates, der Bau beeindruckender U-Bahn-Stationen – oft als „längste Kunstgalerie der Welt" bezeichnet – und das Wachstum nachhaltiger Stadtviertel wie Hammarby Sjöstad spiegeln den Wandel der Stadt wider. Gleichzeitig blieb Stockholm ein Zentrum für Kunst, Design und Innovation, das weltweit für seine Kreativität und Lebensqualität geschätzt wird. Große Sport- und Kulturveranstaltungen, wie die Olympischen Spiele von 1912 oder die jährlich verliehenen Nobelpreise, unterstreichen die internationale Bedeutung der Stadt.

Heute verbindet Stockholm Tradition und Fortschritt auf einzigartige Weise. Historische Plätze wie Stortorget, das beeindruckende Vasa-Museum oder das Nobelpreis-Museum erinnern an die bewegte Vergangenheit, während moderne Architektur, eine florierende Start-up-Szene und eine nachhaltige Stadtentwicklung die Zukunft prägen. Mit seinen unzähligen Brücken, den malerischen Inseln und der engen Verbindung zur Natur bleibt Stockholm eine der faszinierendsten Städte Europas – ein Ort, an dem Geschichte und Gegenwart harmonisch verschmelzen. Besucher können nicht nur die historischen Sehenswürdigkeiten entdecken, sondern auch das pulsierende Nachtleben, die vielfältige Gastronomie und die idyllischen Schärengärten erkunden, die Stockholm seine unverwechselbare Identität verleihen.

SPRACHE UND WORTSCHATZ

Die offizielle Sprache in Stockholm und ganz Schweden ist Schwedisch, das von nahezu der gesamten Bevölkerung gesprochen wird. Daneben sind Finnisch und Meänkieli als Minderheitensprachen anerkannt. Englisch wird weit verbreitet und auf hohem Niveau gesprochen, insbesondere in Städten und touristischen Regionen. Auch Deutsch wird gelegentlich verstanden, vor allem von älteren Schweden oder in touristischen Einrichtungen. In ländlicheren Gegenden kann es jedoch hilfreich sein, einige schwedische Grundbegriffe zu kennen.

Wissenwert

Die besten Basics

Hallo	Hej (Hey)
Guten Morgen	God morgon (Gu mo-ron)
Guten Tag	God dag (Gu daag)
Bitte	Var så god (Var schuh guud)
Danke	Tack (Takk)
Gern geschehen	Ingen orsak (In-gen ohr-sak)
Entschuldigung	Ursäkta (Ur-schäck-ta)
Wie viel kostet es?	Hur mycket kostar det? (Hür mükke kos-tar de?)
Die Rechnung, bitte	Kan jag få notan? (Kann jag fo no-tan?)
Wo ist die Toilette?	Var är toaletten? (Var är too-a-let-ten?)
Sprechen Sie Englisch?	Talar du engelska? (Ta-lar du eng-elsk-a?)
Wasser ohne Kohlensäure	Vatten utan kolsyra (Vatt-en u-tan kohl-sy-ra)
Bis später	Vi ses senare (Vi sehs se-na-re)
Hilfe	Hjälp (Jälp)
Notrufnummer	Nödnummer (Nöhd-num-mer)

Für deinen Stockholm Aufenthalt

Strand	Strand (Strand)
Hafen	Hamn (Hamn)
Museum	Museum (Mu-se-um)
Wo ist der Strand?	Var är stranden? (Var är strand-en?)
Eintritt	Inträde (In-trä-de)
Geschlossen	Stängt (Stängt)
Geöffnet	Öppet (Öp-pet)
Öffnungszeiten	Öppettider (Öp-pet-tee-der)
Öffentliche Verkehrsmittel	Kollektivtrafik (Kol-lek-tiv-tra-fik)
Bus	Buss (Buss)
Souvenirladen	Souvenirbutik (Su-ve-nir-bu-tik)
Autovermietung	Biluthyrning (Bil-ut-hyr-ning)
Parkplatz	Parkeringsplats (Par-ke-rings-plats)
Straße	Väg (Väg)
Aussichtspunkt	Utsiktsplats (Ut-sikts-plats)
Restaurant	Restaurang (Res-to-rang)
Toilette	Toalett (To-a-lett)
Information	Information (In-for-ma-schun)

Köttbullar, die berühmten schwedischen Fleischbällchen, gehören zu den Klassikern der Landesküche. In pflanzlicher Variante werden sie aus Erbsenprotein, Hafer oder Pilzen hergestellt und mit einer cremigen Soße sowie Preiselbeeren serviert – ein herzhaftes und typisch schwedisches Gericht.

Wissenwert

Die schwedische Küche
KULINARISCHE VIELFALT

Stockholm ist nicht nur für seine malerischen Schären und die beeindruckende Altstadt bekannt, sondern auch für seine traditionsreiche und zugleich kreative Küche. Die kulinarische Szene der schwedischen Hauptstadt verbindet frische, regionale Zutaten mit einer spannenden Mischung aus alten Rezepten und modernen Einflüssen.

Das solltest du probieren
Smörgåstårta, die traditionelle schwedische Sandwich-Torte, ist eine herzhafte Spezialität aus mehreren Schichten Brot, belegt mit verschiedenen Aufstrichen, Gemüse und frischen Kräutern. Ob als festliches Gericht oder für ein gemütliches Picknick – sie ist vielseitig und ein echter Hingucker auf jeder Tafel.

Knäckebröd, das knusprige schwedische Knäckebrot, ist ein fester Bestandteil der skandinavischen Esskultur. Es gibt zahlreiche Variationen, von klassisch bis mit Saaten und Gewürzen verfeinert. Besonders beliebt sind Sorten mit Hafer oder Roggen, die sowohl süß als auch herzhaft belegt werden können.

Gravad Lax, der traditionell gebeizte Lachs, ist eine Spezialität, die in Schweden oft mit Dill, Senf und Meeressalz zubereitet wird. Serviert auf dunklem Brot oder als Beilage zu Kartoffeln, ist er ein Klassiker der nordischen Küche.

Semlor, luftige Hefeteigbrötchen mit einer Füllung aus Mandelmasse und Sahne, gehören zu den absoluten Highlights der schwedischen Backtradition. Besonders in der Faschingszeit sind sie eine beliebte Leckerei, die in nahezu jeder Bäckerei in Stockholm zu finden ist.

Kanelbullar, die berühmten schwedischen Zimtschnecken, sind ein unverzichtbarer Bestandteil der schwedischen „Fika" – der traditionellen Kaffeepause. Der lockere Hefeteig, durchzogen von einer aromatischen Zimt-Zucker-Füllung, macht sie zu einem der beliebtesten Gebäckstücke Schwedens. Besonders frisch gebacken und mit einer Tasse Kaffee serviert, sind sie ein wahrer Genuss.

Stockholm entwickelt sich zunehmend zu einem attraktiven Reiseziel für Veganer, da das Bewusstsein für pflanzliche Ernährung stetig wächst. In Stadtteilen wie Södermalm, Vasastan und Östermalm eröffnen immer mehr vegane Restaurants. Von modern interpretierten schwedischen Klassikern wie pflanzlichen Köttbullar bis hin zu internationalen Spezialitäten – die kulinarische Landschaft wird immer abwechslungsreicher und nachhaltiger.

Klimatische Besonderheiten
STOCKHOLM ERLEBEN

Stockholm beeindruckt mit einem abwechslungsreichen Klima, das von der Nähe zur Ostsee sowie den wechselhaften Wetterbedingungen Skandinaviens geprägt wird. Die Jahreszeiten zeigen sich hier in ihrer vollen Bandbreite – von kalten, schneereichen Wintern bis hin zu milden, angenehmen Sommern. Dank dieser Vielfalt bleibt Stockholm das ganze Jahr über ein reizvolles Reiseziel.

Die Küstenlage der Stadt sorgt für vergleichsweise gemäßigte Winter im Vergleich zu anderen Teilen Schwedens. Die Temperaturen liegen in den Wintermonaten meist um den Gefrierpunkt, können aber gelegentlich deutlich darunter fallen. Schneefall ist keine Seltenheit und verleiht der Stadt mit ihren historischen Gassen und zugefrorenen Kanälen eine märchenhafte Atmosphäre. Besonders der zugefrorene Mälarsee und die verschneiten Schären laden zu winterlichen Ausflügen ein.

Die Sommer in Stockholm sind angenehm warm, aber selten heiß. Durchschnittstemperaturen bewegen sich zwischen 20 und 25 Grad Celsius, während es an besonders sonnigen Tagen auch etwas wärmer werden kann. Durch die nördliche Lage sind die Sommernächte lang, und in den Monaten Juni und Juli wird es nur für wenige Stunden wirklich dunkel. Diese hellen Nächte machen Sommerabende am Wasser, auf den zahlreichen Terrassen oder in den Schären besonders stimmungsvoll.

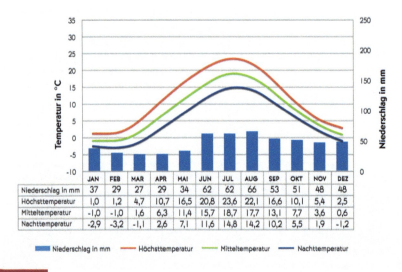

	JAN	FEB	MAR	APR	MAI	JUN	JUL	AUG	SEP	OKT	NOV	DEZ
Niederschlag in mm	37	29	27	29	34	62	62	66	53	51	48	48
Höchsttemperatur	1,0	1,2	4,7	10,7	16,5	20,8	23,6	22,1	16,6	10,1	5,4	2,5
Mitteltemperatur	-1,0	-1,0	1,6	6,3	11,4	15,7	18,7	17,7	13,1	7,7	3,6	0,6
Nachttemperatur	-2,9	-3,2	-1,1	2,6	7,1	11,6	14,8	14,2	10,2	5,5	1,9	-1,2

■ Niederschlag in mm — Höchsttemperatur — Mitteltemperatur — Nachttemperatur

Wissenwert

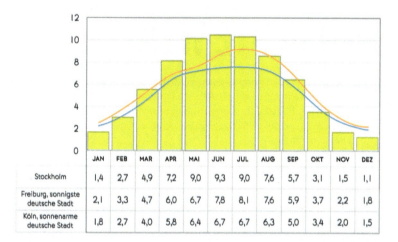

	JAN	FEB	MAR	APR	MAI	JUN	JUL	AUG	SEP	OKT	NOV	DEZ
Stockholm	1,4	2,7	4,9	7,2	9,0	9,3	9,0	7,6	5,7	3,1	1,5	1,1
Freiburg, sonnigste deutsche Stadt	2,1	3,3	4,7	6,0	6,7	7,8	8,1	7,6	5,9	3,7	2,2	1,8
Köln, sonnenarme deutsche Stadt	1,8	2,7	4,0	5,8	6,4	6,7	6,7	6,3	5,0	3,4	2,0	1,5

Ein wichtiger Faktor für Wassersportler und Outdoor-Fans ist die Wassertemperatur in Stockholm. Die Ostsee und die zahlreichen Seen der Umgebung erwärmen sich im Sommer nur langsam, sodass die Wassertemperaturen in den warmen Monaten meist zwischen 16 und 22 Grad Celsius liegen. Besonders an heißen Tagen bieten die klaren Gewässer jedoch eine willkommene Erfrischung, und Kanu- oder Kajaktouren durch die Schären oder entlang der Ufer Stockholms sind eine beliebte Aktivität. Wer es wagt, kann auch in den kühleren Monaten eintauchen – Winterschwimmen ist in Stockholm ein fester Bestandteil der Kultur, oft kombiniert mit einem Saunagang.

Im Frühling und Herbst zeigt sich das Wetter oft von seiner wechselhaften Seite. Während der Herbst mit buntem Laub und frischer Seeluft begeistert, kann das Frühjahr in Stockholm noch kühl und unbeständig sein. Dennoch beginnt im April das Stadtleben wieder zu erwachen, und die zahlreichen Parks füllen sich mit Einheimischen, die die ersten warmen Sonnenstrahlen genießen.

Ein besonderes Naturphänomen in Stockholm sind die beeindruckenden Sonnenauf- und -untergänge über dem Wasser. Gerade im Spätsommer, wenn die Tage langsam kürzer werden, taucht die tiefstehende Sonne die Stadt in ein goldenes Licht, das die historischen Fassaden noch eindrucksvoller erscheinen lässt.

Ob du den verschneiten Winterzauber erleben, die langen Sommernächte genießen oder den farbenfrohen Herbst entdecken möchtest – Stockholm bietet zu jeder Jahreszeit eine besondere Atmosphäre, die eng mit dem wechselhaften skandinavischen Klima verbunden ist.

Anreise nach Stockholm
DER BESTE WEG

Bevor du die beeindruckenden Sehenswürdigkeiten Stockholms erkundest oder durch die malerischen Gassen der Altstadt schlenderst, musst du erst einmal in die schwedische Hauptstadt gelangen. Glücklicherweise ist Stockholm hervorragend vernetzt und auf vielfältige Weise erreichbar – ganz nach deinen persönlichen Reisevorlieben.

Anreise mit dem Flugzeug

Die schnellste und bequemste Möglichkeit, nach Stockholm zu gelangen, ist das Flugzeug. Die schwedische Hauptstadt wird über den internationalen Flughafen Stockholm Arlanda (ARN) angeflogen, der sich etwa 40 Kilometer nördlich des Stadtzentrums befindet. Daneben gibt es mit Bromma (BMA) einen kleineren Flughafen, der vor allem Inlandsflüge und einige europäische Verbindungen bedient.

Stockholm wird von zahlreichen Fluggesellschaften angeflogen, darunter SAS, Norwegian, Lufthansa und KLM. Direktflüge gibt es aus vielen europäischen Städten wie Berlin, Frankfurt, München oder Hamburg. Die durchschnittliche Flugdauer aus Deutschland beträgt etwa 1,5 bis 2 Stunden.

Vom Flughafen Arlanda gelangt man mit dem Arlanda Express in nur 18 Minuten ins Stadtzentrum oder mit günstigeren Regionalzügen und Bussen in etwa 40 Minuten.

Preise: ab 30 € (Low-Cost), Economy-Class ab 80 €
Mehr Informationen: www.swedavia. com/arlanda, www.flysas.com

Anreise mit dem Zug

Eine Bahnfahrt nach Stockholm ist eine landschaftlich reizvolle Alternative, wenn auch mit längerer Reisezeit verbunden. Es gibt keine Direktverbindungen aus Deutschland, Österreich oder der Schweiz, jedoch führen komfortable Verbindungen über Kopenhagen nach Stockholm.

Die Strecke beginnt mit einem ICE oder EuroCity nach Kopenhagen, von dort geht es mit dem schwedischen Hochgeschwindigkeitszug X2000 oder Snabbtåg weiter nach Stockholm. Die gesamte Reisezeit beträgt je nach Verbindung zwischen 12 und 15 Stunden. Eine Bahnreise kann besonders für Interrail-Reisende eine interessante Option sein, da Schweden gut in das europäische Bahnnetz eingebunden ist.

Für eine komfortablere Reise gibt es auch Nachtzüge, beispielsweise von Hamburg nach Stockholm, die eine entspannte Ankunft am Morgen ermöglichen.

Preise: ab 100 €, je nach Buchungszeitpunkt
Mehr Informationen: www.sj.se, www. bahn.de

Wissenswert

Bei der Landung auf Stockholm Arlanda (ARN) bietet die rechte Seite des Flugzeugs oft beeindruckende Blicke auf die Schärenlandschaft der Ostsee mit ihren zahllosen kleinen Inseln, während auf der linken Seite die weitläufigen Wälder und Seen des schwedischen Hinterlands ins Auge fallen. Besonders bei klarem Wetter ist die Sicht auf die Stadt mit ihren historischen Gebäuden, Brücken und Wasserwegen ein besonderes Erlebnis.

Falls du auf dem Stadtflughafen Bromma (BMA) landest, ist die Aussicht ebenfalls sehenswert, da der Anflug über das Stadtgebiet führt. Hier kannst du einen tollen Blick auf das Stockholmer Zentrum, das Königliche Schloss und das Wasserlabyrinth der Umgebung genießen.

Anreise mit dem Fernbus
Wer günstig nach Stockholm reisen möchte, kann Fernbusse als budgetfreundliche Alternative nutzen. Anbieter wie FlixBus und Vy Bus4You bieten Verbindungen aus Deutschland an, meist mit Umstiegen in Kopenhagen oder Malmö. Die Fahrzeit beträgt je nach Abfahrtsort zwischen 18 und 24 Stunden, sodass diese Option vor allem für Reisende geeignet ist, die Zeit mitbringen und Kosten sparen möchten.

Preise: ab 50 €, abhängig vom Buchungszeitpunkt
Mehr Informationen: www.flixbus.de, www.vy.se

Anreise mit dem Auto

Es gibt mehrere Möglichkeiten, mit dem Auto nach Stockholm zu reisen. Die gängigste Route führt über Dänemark und Südschweden, entweder über die Öresundbrücke zwischen Kopenhagen und Malmö oder mit der Fähre von Deutschland nach Schweden. Von Malmö aus geht es auf der gut ausgebauten E4 oder E20 weiter über Helsingborg und Jönköping bis nach Stockholm.

In Schweden gibt es keine generelle Mautpflicht, jedoch fallen Gebühren für die Citymaut in Stockholm an, die automatisch per Kamerasystem erfasst und abgerechnet wird.

In den Wintermonaten (1. Dezember bis 31. März) gilt in Schweden eine Winterreifenpflicht, die für Fahrten in verschneiten Regionen unbedingt beachtet werden sollte.

Preise: Mautgebühren für die Öresundbrücke ca. 55 €, Citymaut in Stockholm variiert je nach Tageszeit
Mehr Informationen: www.oresundsbron.com, www.transportstyrelsen.se

Anreise mit der Fähre

Fähren sind eine komfortable und oft entspannte Möglichkeit, nach Stockholm zu reisen – besonders für Reisende mit Auto oder Wohnmobil. Die wichtigsten Fährverbindungen nach Schweden starten in Deutschland, Dänemark und Finnland.

Eine der beliebtesten Routen ist die Fähre von Kiel nach Göteborg, die von Stena Line betrieben wird. Von dort aus sind es noch etwa 5 Stunden Autofahrt nach Stockholm. Alternativ gibt es Fähren von Travemünde oder Rostock nach Trelleborg, von wo aus man die Hauptstadt ebenfalls gut mit dem Auto oder Zug erreichen kann.

Wer aus dem Baltikum oder Finnland anreist, kann direkte Fährverbindungen nach Stockholm nutzen. Die Schiffe von Tallink Silja Line und Viking Line verbinden Helsinki, Tallinn oder Turku mit Stockholm und bieten eine Mini-Kreuzfahrt-Atmosphäre mit Restaurants, Unterhaltung und bequemen Kabinen.

Preise: Travemünde–Trelleborg ab 80 €, Kiel–Göteborg ab 250 €, Helsinki–Stockholm ab 100 €
Mehr Informationen: www.stenaline.de, www.tallinksilja.com, www.viking-line.com

Spikereifen

In Schweden gilt eine Winterreifenpflicht vom 1. Dezember bis 31. März, wenn winterliche Straßenverhältnisse herrschen. Dies betrifft sowohl Einheimische als auch ausländische Fahrzeuge. Die Mindestprofiltiefe für Winterreifen beträgt 3 mm, es wird jedoch empfohlen, Reifen mit mindestens 5 mm Profil zu nutzen.

Spikereifen sind erlaubt, jedoch nicht verpflichtend. Sie sind besonders auf vereisten oder stark verschneiten Straßen hilfreich, aber in einigen Städten – darunter Stockholm, Göteborg und Malmö – fällt für die Nutzung von Spikereifen eine Gebühr an. In bestimmten Straßenabschnitten sind sie sogar verboten, um die Feinstaubbelastung zu reduzieren.

Aktuelle Straßenverhältnisse: www.trafikverket.se

ZUSAMMENGEFASST: FAQS

Einreise

Für Reisende aus der Europäischen Union und dem Schengen-Raum ist die Einreise nach Schweden unkompliziert, da das Land Teil des Schengen-Abkommens ist. Ein gültiger Personalausweis oder Reisepass genügt für die Einreise und den Aufenthalt. Die maximale Dauer des visumfreien Aufenthalts beträgt 90 Tage innerhalb von 180 Tagen.

Wer länger in Schweden bleiben möchte, muss sich über die schwedischen Aufenthaltsbestimmungen informieren und gegebenenfalls eine Aufenthaltserlaubnis beantragen oder sich bei den Behörden registrieren. Bürger aus Nicht-Schengen-Ländern unterliegen den schwedischen Einreisebestimmungen, die je nach Herkunftsland ein Visum oder eine elektronische Reisegenehmigung (ETA) erfordern können.

Zollbestimmungen

Bei der Einreise nach Schweden gelten Freimengen für Waren des persönlichen Gebrauchs, die ohne Zoll oder Mehrwertsteuer eingeführt werden dürfen. Reisende aus der EU können bis zu 10 Liter Spirituosen, 20 Liter Starkwein, 90 Liter Wein und 110 Liter Bier mitbringen. Für Tabak gilt eine Grenze von 800 Zigaretten, 400 Zigarillos, 200 Zigarren oder 1 kg Rauchtabak. Lebensmittel aus EU-Ländern dürfen unbegrenzt eingeführt werden, solange sie für den Eigenbedarf bestimmt sind. Bargeldbeträge über 10.000 Euro müssen deklariert werden. Für Reisende aus Nicht-EU-Ländern gelten strengere Bestimmungen, insbesondere bei Fleisch- und Milchprodukten. Wer die Freimengen überschreitet, muss die Waren bei der Einreise verzollen. Aktuelle Regelungen sind bei der Schwedischen Zollbehörde (Tullverket) unter www.tullverket.se einsehbar.

Reisen mit Hund

In Schweden ist der EU-Heimtierausweis das zentrale Dokument für die Einreise mit Haustieren. Dieser muss die Chipnummer, eine gültige Tollwutimpfung und weitere relevante Angaben vom Tierarzt enthalten. Die Tollwutimpfung ist verpflichtend und muss mindestens 21 Tage vor der Einreise erfolgt sein. Eine Behandlung gegen den Fuchsbandwurm ist für die Einreise nach Schweden nicht erforderlich. Bestimmte Hunderassen sind in Schweden nicht verboten, jedoch gelten in vielen Städten, einschließlich Stockholm, Leinenpflichten in öffentlichen Bereichen. In öffentlichen Verkehrsmitteln dürfen Hunde mitgeführt werden, meist kostenlos oder gegen eine geringe Gebühr, wobei größere Hunde angeleint sein müssen. Viele Hotels, Restaurants und Geschäfte haben eigene Regelungen zur Mitnahme von Hunden, daher ist es ratsam, sich vorab zu informieren. Weitere Impfungen wie gegen Staupe, Leptospirose und Parvovirose werden empfohlen, sind aber nicht verpflichtend.

Krankenversicherung

Obwohl Schweden Teil des Schengen-Raums und der Europäischen Union ist, wird empfohlen, eine zusätzliche Reisekrankenversicherung (RKV) abzuschließen. Die Europäische Krankenversicherungskarte (EHIC) ermöglicht Zugang zur medizinischen Grundversorgung im schwedischen öffentlichen Gesundheitssystem. Das Land verfügt über eine hohe medizinische Versorgungsqualität, moderne Krankenhäuser und gut ausgebildetes Personal.

Die EHIC gilt jedoch nur für notwendige medizinische Behandlungen während des Aufenthalts und deckt keine privatärztliche Versorgung oder zusätzliche Leistungen ab, die im Heimatland möglicherweise übernommen würden. Zudem können Eigenbeteiligungen und Zuzahlungen anfallen, insbesondere für Medikamente oder Spezialbehandlungen. Ein medizinischer Rücktransport ins Heimatland wird durch die EHIC nicht abgedeckt, weshalb eine private Reisekrankenversicherung dringend empfohlen wird, um unvorhergesehene Kosten zu vermeiden.

Gesundheitsversorgung und Notfallnummern

Schweden verfügt über eines der besten Gesundheitssysteme weltweit und zeichnet sich durch eine hohe medizinische Versorgungsqualität aus. Laut internationalen Vergleichen zählt das schwedische Gesundheitssystem zu den effizientesten und zugänglichsten, mit einem Fokus auf moderne Technologien, gut ausgebildetes Personal und eine hohe Patientensicherheit.

In den größeren Städten wie Stockholm, Göteborg und Malmö gibt es moderne Krankenhäuser, die rund um die Uhr medizinische Versorgung bieten. Auch in touristisch frequentierten Regionen, wie den Schären oder Lappland, sorgen Gesundheitszentren für schnelle Hilfe bei kleineren gesundheitlichen Problemen.

Apotheken (Apotek) sind in ganz Schweden verbreitet, besonders in Städten und größeren Ortschaften. Viele bieten einen Notdienst an, sodass auch außerhalb der regulären Öffnungszeiten Medikamente erhältlich sind. In ländlicheren Regionen kann die medizinische Versorgung eingeschränkter sein, weshalb es ratsam ist, eine gut ausgestattete Reiseapotheke mitzuführen.

Bei medizinischen Notfällen kann die europaweite Notrufnummer 112 gewählt werden, die Rettungsdienste, Polizei und Feuerwehr koordiniert. Für nicht akute medizinische Anliegen steht die landesweite Gesundheitsberatung unter der Nummer 1177 zur Verfügung, die medizinische Beratung und Informationen zu Gesundheitsdiensten in Schweden bietet.

Drohne fliegen in Stockholm

Das Fliegen von Drohnen in Stockholm ist grundsätzlich erlaubt, unterliegt jedoch strengen Vorschriften, die von der schwedischen Luftfahrtbehörde Transportstyrelsen festgelegt wurden. Da Schweden Teil der EU-Drohnenverordnung ist, müssen sich Drohnenpiloten an die einheitlichen europäischen Regeln für unbemannte

Luftfahrzeuge halten.

In Stockholm gelten besondere Einschränkungen, insbesondere in der Nähe von Flughäfen wie Arlanda und Bromma, wo Drohnenflüge ohne spezielle Genehmigung streng verboten sind. Auch in städtischen Gebieten und über Menschenansammlungen ist das Fliegen nicht erlaubt, um Sicherheitsrisiken zu minimieren.

Zusätzlich sind Drohnenflüge in vielen öffentlichen Parks, Naturschutzgebieten und in der Nähe von Regierungsgebäuden wie dem Königlichen Schloss eingeschränkt. Wer in Stockholm eine Drohne fliegen lassen möchte, sollte sich vorab informieren, wo dies gestattet ist. Geeignete Orte finden sich in den äußeren Stadtbereichen oder entlang der weniger dicht besiedelten Küstenstreifen der Schärenregion.

Die maximale Flughöhe beträgt 120 Meter, und die Drohne muss jederzeit in Sichtweite bleiben. Für Drohnen über 250 Gramm besteht eine Registrierungspflicht, und für kommerzielle Flüge sind eine Schulung und eine spezielle Genehmigung erforderlich. Zudem wird dringend empfohlen, eine Haftpflichtversicherung abzuschließen, da diese im Schadensfall vorgeschrieben ist.

Um Probleme zu vermeiden, sollten sich Drohnenpiloten vor jedem Flug über die aktuellen Regeln und Flugverbotszonen informieren. Eine hilfreiche Ressource ist die offizielle Webseite der schwedischen Luftfahrtbehörde (Transportstyrelsen – www.transportstyrelsen.se), die eine Karte mit gesperrten Gebieten und weitere Informationen bereitstellt.

Öffnungszeiten

In Stockholm weichen die Öffnungszeiten teilweise von denen in Mitteleuropa ab. Die meisten Geschäfte öffnen zwischen 10:00 und 11:00 Uhr und schließen gegen 18:00 oder 19:00 Uhr, während größere Einkaufszentren und Kaufhäuser oft bis 20:00 oder 21:00 Uhr geöffnet sind.

Supermärkte wie ICA, Coop und Hemköp haben in der Regel längere Öffnungszeiten und sind häufig bis 22:00 oder 23:00 Uhr geöffnet. Einige Filialen, besonders in zentralen Lagen oder an Bahnhöfen, haben sogar rund um die Uhr geöffnet.

Sonntags sind die meisten Geschäfte ebenfalls geöffnet, allerdings mit kürzeren Zeiten – oft von 11:00 bis 17:00 Uhr. Kleinere Läden und Boutiquen haben gelegentlich sonntags geschlossen. Tankstellen und Kioske wie Pressbyrån und 7-Eleven bieten jedoch auch sonntags eine Auswahl an Lebensmitteln und Alltagsartikeln.

Leitungswasser

Das Leitungswasser in Stockholm gehört zu den saubersten und besten der Welt und ist uneingeschränkt trinkbar. Es stammt überwiegend aus dem Mälarsee, wird aufbereitet und unterliegt strengen Qualitätskontrollen. Das Wasser ist weich und hat einen klaren, frischen Geschmack, weshalb viele Stockholmer auf den Kauf von Flaschenwasser verzichten.

Der Mineralgehalt kann je nach Stadtteil leicht variieren, insbesondere in älteren Gebäuden mit älteren Rohrleitungssystemen kann der Geschmack minimal abweichen, was jedoch die

Stockholm zählt zu den barrierefreundlichsten Städten Europas. Busse, U-Bahnen und Straßenbahnen sind weitgehend rollstuhlgerecht, viele Stationen verfügen über Aufzüge und taktile Leitsysteme. Museen, Restaurants und öffentliche Gebäude sind meist barrierefrei zugänglich. Sehenswürdigkeiten wie das Vasa-Museum oder das Königliche Schloss bieten spezielle Hilfsmittel und Führungen. Behindertenparkplätze sind vorhanden, und mit einem europäischen Parkausweis gibt es oft Vergünstigungen. Die Stadt setzt konsequent auf eine inklusive Infrastruktur.

Mobil unterwegs in der Stadt
FORTBEWEGUNG VOR ORT

In Stockholm bewegst du dich ebenso entspannt und zuverlässig durch die Stadt – ob zu Wasser, auf Schienen oder mit dem Rad. Das öffentliche Verkehrsnetz ist ausgezeichnet ausgebaut und umfasst U-Bahn (Tunnelbana), Busse, Straßenbahnen, Regionalzüge und Fähren, die perfekt miteinander verknüpft sind. Mit der SL-Access-Karte oder der SL-App kannst du bequem zwischen den Verkehrsmitteln wechseln und sogar einen Teil deiner Strecke per Boot durch die Schärenlandschaft zurücklegen – ein praktisches und gleichzeitig landschaftlich reizvolles Erlebnis.

Straßenbahn

In Stockholm ist die Straßenbahn zwar kleiner als in Amsterdam, aber eine charmante und praktische Ergänzung im Nahverkehr. Besonders bekannt ist die Linie 7, die dich vom Hauptbahnhof (T-Centralen) über den Kungsträdgården bis zur Museumsinsel Djurgården bringt – vorbei an Highlights wie dem ABBA-Museum, dem Vasa-Museum und Skansen. Die Bahnen fahren in regelmäßigen Abständen, meist alle 10 bis 15 Minuten. Tickets kannst du nicht im Fahrzeug kaufen, sondern musst sie vorab über die SL-App, an Automaten oder mit der SL-Access-Karte lösen.

Bus

Das Busnetz in Stockholm ist hervorragend ausgebaut und bringt dich zuverlässig in Stadtviertel ohne U-Bahn-Anbindung oder in die Vororte wie Nacka, Lidingö oder Solna. Besonders nachts sind die Busse eine wertvolle Alternative, denn ab etwa 00:30 Uhr übernehmen Nachtbusse die Verbindung zwischen wichtigen Haltestellen. Auch hier gilt: Einstieg nur mit gültigem Ticket – gekauft über App, Karte oder Automaten.

U-Bahn (Tunnelbana)

Die Tunnelbana ist das Rückgrat des Stockholmer Nahverkehrs. Mit drei Liniennetzen (grün, rot, blau) und über 100 Stationen verbindet sie die Innenstadt mit nahezu allen Stadtteilen. Besonders für Besucher lohnt sich ein Blick in die kunstvoll gestalteten Stationen – die Tunnelbana gilt als die längste Kunstgalerie der Welt. Die Züge fahren tagsüber alle 5 bis 10 Minuten, abends in etwas längeren Abständen. Der Zugang erfolgt kontaktlos mit der SL-App oder-Karte.

Fähren

Eine Besonderheit in Stockholm sind die Pendlerfähren, die als Teil des Nahverkehrs gelten und dich durch die malerische Schärenlandschaft schippern. Die bekannteste Verbindung ist Line 80, die vom Stadshus über Djurgården bis hin zu den östlichen Vororten wie Lidingö fährt. Die Überfahrt ist nicht nur praktisch, sondern auch landschaftlich ein Highlight. Die Nutzung ist mit regulären SL-Tickets möglich – ideal, um Stadtbesichtigung und Bootsfahrt zu verbinden.

Wissenwert

Die SL-Access-Karte ist dein Ticket für Stockholms öffentlichen Nahverkehr und gilt für U-Bahn, Busse, Straßenbahnen, Pendlerzüge und Fähren im SL-Netz. Du bekommst sie für 20 SEK (ca. 1,75 €) an SL-Centern (z. B. T-Centralen), an Automaten in U-Bahn-Stationen, in Pressbyrån- und 7-Eleven-Filialen oder online. Danach kannst du sie mit Zeitkarten oder Guthaben für Einzelfahrten aufladen. Eine Einzelfahrt kostet 42 SEK, eine 24-Stunden-Karte 175 SEK, 72 Stunden 370 SEK und 7 Tage 525 SEK (Stand 2025). Alternativ kannst du alle Tickets auch bequem über die SL-App kaufen – ohne physische Karte, aber mit denselben Preisen.

Günstig unterwegs
CITY GO PASS STOCKHOLM

Die Go City Stockholm Card ist ein praktisches All-inclusive-Ticket für alle, die möglichst viel von Stockholm sehen möchten, ohne sich bei jedem Eintritt oder Ticketkauf Gedanken machen zu müssen. Die Karte ermöglicht freien Eintritt zu über 45 Sehenswürdigkeiten, Museen und Touren in der Stadt und ist für 1, 2, 3 oder 5 Tage erhältlich – ideal für Kulturbegeisterte und Entdecker, die Stockholm effizient und kostengünstig erleben möchten.

Zu den beliebtesten inkludierten Attraktionen zählen das Vasa-Museum, Skansen, das ABBA The Museum, das Königliche Schloss, das Nobelpreis-Museum, das Fotografiska, das Nordische Museum sowie verschiedene Boots- und Bustouren, darunter Rundfahrten durch die Schären oder Hop-on-Hop-off-Touren – sowohl zu Wasser als auch an Land.

Die Karte kann digital auf dem Smartphone über die Go City App genutzt oder ausgedruckt werden. Je nach Wunsch kann sie auch mit öffentlichem Nahverkehr kombiniert werden (U-Bahn, Bus, Straßenbahn, Pendlerzüge und SL-Fähren), was besonders für Besucher ohne SL-Access-Karte praktisch ist.

Zusätzlich zum freien Eintritt bietet der Pass in einigen Partnerbetrieben Rabatte auf Touren, Shops, Restaurants und Erlebnisse wie E-Bike-Touren oder interaktive Museen. Die Karte rechnet sich vor allem dann, wenn du mehrere kostenpflichtige Highlights pro Tag besichtigst.

Wichtig: Für Kinder gibt es bei der Go City Stockholm Card eine eigene, vergünstigte Kinderkarte, die sich in der Regel für Kinder zwischen 6 und 15 Jahren anbietet. Viele Attraktionen in Stockholm gewähren Kindern unter 6 Jahren kostenfreien Eintritt, sodass sich der Kauf einer Karte in diesem Alter meist nicht lohnt. Für ältere Kinder kann die Kinderkarte jedoch eine sinnvolle Option sein – vor allem, wenn

---

Die Preise der Go City Stockholm Card richten sich nach der gewählten Gültigkeitsdauer. Eine 24-Stunden-Karte kostet rund 60 €, während die 48-Stunden-Variante etwa 85 € beträgt. Für längere Zeiträume steigen die Preise gestaffelt an – bis zu etwa 130 € für 120 Stunden (5 Tage). Je länger die Karte gültig ist, desto günstiger wird der Tagespreis im Verhältnis, besonders wenn du täglich mehrere kostenpflichtige Sehenswürdigkeiten oder Aktivitäten nutzt. Wer gerne viel erlebt und aktiv unterwegs ist, kann mit der Karte deutlich sparen, da bereits der Eintritt in zwei bis drei große Attraktionen pro Tag oft teurer wäre als der Tagespreis des Passes.

Wissenwert

mehrere kostenpflichtige Museen oder Touren geplant sind. Dennoch sollten Familien vorab genau prüfen, welche Sehenswürdigkeiten besucht werden sollen und welche Einzeltarife für Kinder dort gelten, denn in manchen Fällen kann es günstiger sein, die Tickets separat zu kaufen.

Die Go City Stockholm Card lässt sich bequem online über die offizielle Website oder über die Go City App erwerben. Nach dem Kauf kannst du die Karte entweder digital über die App aktivieren oder sie als ausdruckbares PDF mitnehmen – ein physischer Pass ist nicht erforderlich. Die Aktivierung beginnt automatisch mit dem ersten Scan bei einer teilnehmenden Attraktion. Dank des digitalen Formats ist die Karte ideal für Familien, die flexibel und papierlos unterwegs sein möchten.

Scanne den QR Code und kaufe den City Go Pass bequem online!

DIESE ATTRAKTIONEN/AKTIVITÄTEN SIND IN DEM CITY GO PASS ENTHALTEN (BEISPIELHAFT)

Museen & Kultur (freier Eintritt)
- » Nobelpreis-Museum
- » Vasa-Museum
- » ABBA The Museum
- » Fotografiska
- » Skansen (Freilichtmuseum & Zoo)
- » Königliches Schloss (inkl. Schatzkammer und Museum Tre Kronor)

Rundfahrten & Wasseraktivitäten
- » Schärenrundfahrt mit dem Boot (z. B. Stromma)
- » Sightseeing-Bootsfahrt auf dem Mälarsee
- » Royal Canal Tour

Sehenswürdigkeiten & historische Stätten
- » SkyView (Aussichtskuppel an der Avicii Arena)
- » Stadshuset (Stockholmer Rathaus – Turmbesuch)
- » Drottningholm Schloss (UNESCO-Weltkulturerbe, inkl. Bootstransfer im Sommer)
- » Hopp-on-Hopp-off-Bus (Sightseeingbus mit mehreren Haltestellen)

Weitere Vorteile & Rabatte
- » Ermäßigungen bei ausgewählten Restaurants und Souvenirläden
- » Rabatte auf E-Bike- und Kajaktouren

Stockholm bietet Festivals für Musik- und Kulturliebhaber. Das Stockholm **Music & Arts Festival (Juli/August)** bringt internationale und skandinavische Künstler auf die Bühnen der Stadt und verbindet Musik mit Kunst in einzigartiger Atmosphäre.

Das **Stockholm Kulturfestival (August)** verwandelt die Innenstadt in eine große Open-Air-Bühne mit Konzerten, Tanz, Theater und interaktiven Kunstinstallationen – kostenlos für alle Besucher.

Elektronische Musikliebhaber kommen beim **Department Festival (August)** auf ihre Kosten, das in urbaner Kulisse angesagte DJs und elektronische Live-Acts präsentiert.

Im Winter sorgt das **Stockholm Jazz Festival (Oktober)** für hochkarätige Konzerte mit internationalen Jazzgrößen und lokalen Talenten. Wer skandinavische Folk- und Weltmusik erleben möchte, sollte das Stockholm Folk Festival (Spätsommer) nicht verpassen.

Filmfans können sich auf das **Stockholm International Film Festival (November)** freuen, das ein breites Spektrum an internationalen und skandinavischen Filmen zeigt und zahlreiche Regisseure und Schauspieler in die Stadt bringt.

Literaturbegeisterte sollten das **Stockholm Literature Festival (Oktober)** nicht verpassen, bei dem renommierte Autoren aus aller Welt Lesungen, Diskussionen und kulturelle Veranstaltungen rund um das geschriebene Wort präsentieren.

Qualität nicht beeinträchtigt. Restaurants und Cafés servieren in der Regel kostenloses Leitungswasser, oft mit Zitronenscheiben oder Kräutern verfeinert.

Auch in der Natur rund um Stockholm, etwa in den Schären oder Nationalparks, gibt es viele klare Seen und Flüsse. Das Trinken aus natürlichen Quellen ist jedoch nur dort ratsam, wo das Wasser direkt aus unberührten Gebieten kommt. In städtischen Parks oder kleineren Gewässern ist Vorsicht geboten, da Verunreinigungen nicht ausgeschlossen werden können.

Auto fahren

Das Autofahren in Stockholm ist unkompliziert, aber der dichte Verkehr, insbesondere zu Stoßzeiten, kann eine Herausforderung sein. Die Straßen sind gut ausgebaut, jedoch gibt es viele Einbahnstraßen, Fußgängerzonen und begrenzte Parkmöglichkeiten, weshalb Parken oft kostenpflichtig oder zeitlich eingeschränkt ist. Die Geschwindigkeitsbegrenzungen betragen innerorts meist 30–50 km/h, auf Landstraßen 70–90 km/h und auf Autobahnen bis zu 120 km/h, wobei strenge Radarkontrollen durchgeführt werden. In den Wintermonaten gilt eine Winterreifenpflicht von Dezember bis März, und es besteht ganzjährig Abblendlichtpflicht auch tagsüber. Wer außerhalb der Stadt unterwegs ist, sollte auf Wildwechsel achten, da Elche oder Rehe besonders in der Dämmerung die Straßen kreuzen können.

Citymaut

In Stockholm wird eine Citymaut („Trängselskatt") erhoben, die werktags zwischen 06:00 und 18:29 Uhr für alle Fahrzeuge gilt, die in die Stadt hinein- oder aus ihr herausfahren. Die Gebühren variieren je nach Tageszeit und Verkehrslage und liegen zwischen 11 und 45 SEK (ca. 1 bis 4 Euro) pro Durchfahrt, mit einem maximalen Tageshöchstbetrag von 135 SEK (ca. 12 Euro) pro Fahrzeug. An Wochenenden, Feiertagen und im Juli wird die Maut nicht erhoben. Die Erfassung erfolgt automatisch über das Kennzeichensystem, und die Rechnung wird monatlich an den Fahrzeughalter geschickt.

Ausländische Fahrzeuge müssen die Maut ebenfalls zahlen, die Abwicklung erfolgt über den Dienstleister Epass24, der eine Rechnung per Post oder E-Mail versendet. Wer mit einem Mietwagen unterwegs ist, sollte sich vorab bei der Autovermietung erkundigen, da die Mautgebühren oft direkt über den Vermieter abgerechnet werden. Weitere Informationen gibt es auf www.epass24.com oder bei der Schwedischen Verkehrsbehörde (Transportstyrelsen).

Parken
Das Parken ist meist digital organisiert, und die Bezahlung erfolgt über Parkautomaten, per SMS oder mobile Apps wie EasyPark oder Parkster. In vielen Parkhäusern wird das Kennzeichen automatisch erfasst, und die Abrechnung erfolgt beim Verlassen des Parkbereichs. In Wohngebieten gibt es häufig Parkzonen mit Anwohnerparkausweisen, in denen Besucher nur zu bestimmten Zeiten oder mit einem gekauften Ticket parken dürfen. Zudem gilt in Stockholm das Wechselparkverbot („Datumparkering") in einigen Straßen, was bedeutet, dass an geraden Tagen nur auf einer Seite und an ungeraden Tagen auf der anderen Seite geparkt werden darf. Wer auf kostenfreie Parkmöglichkeiten ausweichen möchte, findet in einigen Außenbezirken kostenlose Parkplätze mit guter Anbindung an den öffentlichen Nahverkehr.

Währung und Zahlungsmittel
In Stockholm wird mit der Schwedischen Krone (SEK) bezahlt, doch Bargeld spielt eine immer geringere Rolle. Aktuell erhältst du für 1000 Kronen (SEK) etwa 91 Euro (Stand: 2025).

Schweden hat eine der am stärksten digitalisierten Zahlungslandschaften der Welt. Kredit- und Debitkarten (Visa, Mastercard, teilweise American Express) werden nahezu überall akzeptiert – selbst für kleine Beträge, an Parkautomaten, in öffentlichen Toiletten oder bei Marktständen. Kontaktloses Bezahlen mit Karte oder über mobile Dienste wie Apple Pay und Google Pay ist weit verbreitet. Viele Geschäfte, Restaurants und Sehenswürdigkeiten akzeptieren gar kein Bargeld mehr, weshalb es ratsam ist, immer eine Karte oder eine mobile Zahlungsoption griffbereit zu haben. Zusätzlich ist die schwedische Zahlungs-App Swish weit verbreitet, die einfache Geldtransfers zwischen Privatpersonen und in vielen kleinen Geschäften ermöglicht – allerdings ist sie nur mit einem schwedischen Bankkonto nutzbar.

VERLÄSSLICHE HILFE UND ORIENTIERUNG

Um den schnellsten Weg von Punkt A nach B zu finden, bieten wir dir eine digitale Hilfe an. Diese steht dir jederzeit kostenlos über dein Smartphone oder Tablet zur Verfügung. Damit hast du alle Sehenswürdigkeiten, Museen und Parks stets zur Hand. Um darauf zuzugreifen, öffne einfach die Kamerafunktion deines Smartphones und scanne den QR-Code. Sofort erscheint ein Link auf deinem Bildschirm, über den du direkt zur Karte gelangst.

1. Online-Karte aufrufen

Du hast zwei Möglichkeiten, deine Onlinekarten aufzurufen.

Smartphone

Um deine Onlinekarte auf dem Smartphone aufzurufen, öffne einfach die Kamerafunktion deines Telefons und scanne den QR-Code. Es öffnet sich ein Link, den du ohne die Angabe persönlicher Daten öffnen kannst. Die Karte ist kostenlos und jederzeit abrufbar.

Computer

Möchtest du deinen Urlaub planen und dabei unsere Onlinekarten nutzen? Dafür eignet sich der Computer hervorragend. Auf dem größeren Bildschirm hast du die Onlinekarten angenehm vor dir und kannst in Ruhe durchstöbern, was dich erwartet. Gib einfach die folgende Adresse in den Browser ein, um Zugriff auf die Karte zu erhalten:
https://bit.ly/42yI3PN

In Verbindung mit einem IPhone zeigten sich in der Vergangenheit immer wieder Probleme beim Öffnen der Onlinekarte. Dies lässt sich am einfachsten folgendermaßen beheben: Melde dich vor dem Öffnen der Karten in einem Googlekonto an. Anschließend lässt sich deine Karte von Stockholm auch mit einem Applegerät öffnen.

Deine Karten öffnen sich nicht oder du hast einen Fehler entdeckt? Kontaktiere uns unter **kontakt@lmo-publishing.de**

2. Karte anpassen

Um deine Onlinekarte auf deinem Telefon anzupassen, tippe einfach unten auf den Namen der Karte. Dadurch öffnet sich ein Fenster, in dem alle verzeichneten Orte aufgelistet sind. Hier kannst du auswählen, welche Orte dir angezeigt werden sollen. Falls die Karte überladen wirkt, ist das kein Problem. Du kannst für dich unnötige Elemente ausblenden.

3. Navigieren und Buchen

Wenn du auf ein Symbol oder einen Ort in der Liste tippst, öffnet sich ein Fenster. Dort hast du die Möglichkeit, direkt die Navigation über Google Maps zu starten oder einen Link zur Website zu klicken, um Buchungen durchzuführen oder weitere Informationen zu erhalten.

NATUR

#31 Stadshuset
#32 Haga Ocean
#33 Ivar Lo's park
#34 Observatorielunden
#35 Lusthusportens Park
#36 Bergianska trädgården
#37 Kungsträdgården
#38 Schloss Rosendal
#39 Vaxholm

KULINARISCHES

#40 Café Systrarna Andersson
#41 Meatballs for the People
#42 ICEBAR Stockholm
#43 Östermalms Saluhall
#44 Hötorgshalle
#45 Mälarpaviljongen
#46 Gamla Stans
   Polkagriskokeri
#47 Lasse i Parken

TYPISCH STOCKH

#49 Ocean Bus Stockh
#50 Järnpojke
#51 Stromma
#52 SUS
#53 Konserthuset
#54 Stockholm Ghost V
   Gamla Stan
#56 Kaltbadehaus Hella
#57 Weihnachtsmarkt G

HIGHLIGHTS

#1 Vasa-Museum
#2 Kungliga Slottet
#3 Gamla stan
#4 Boulevard Strandvägen
#5 Freilichtmuseum Skansen
#6 Gröna Lund Tivoli
#7 Schloss Drottningholm
#8 Avicii Arena
#9 Avicii Experience
#10 Skogskyrkogården
#11 Drottninggatan
#13 Königliche Technische Hochschulet

MUSEUM

#14 Nobelmuseum
#15 ABBA - das Museum
#16 Tekniska
#17 Fotografiska
#18 Moderna Museet
#19 Nationalmuseum
#20 Kindermuseum Junibacken
#21 Vrak
#22 Paradox Museum
#23 Spielzeugmuseum Bergrummet
#24 Wikingermuseum
#25 Nordiska museet
#26 Spritmuseum
#27 Prinz Eugens Waldemarsudde
#28 Museum für Naturgeschichte
#29 Königliches Waffenmuseum
#30 Polizeimuseum

Wissenwert

Alle in diesem Reiseführer erwähnten Orte sind auf unserer Onlinekarte von Google Maps zu finden. Du kannst die Online-Karte auch offline nutzen. Hast du gerade kein Internet, ist dies somit kein Problem. Um unsere Karte auch offline jederzeit parat zu haben, benötigst du ein Google Konto. Anschließend kannst du deine Karte auch in der App öffnen. Wähle nun „Offlinekarten" und lade „Stockholm" einfach herunter.

Hinweis: Wir sind ein kleiner Verlag und auf den Druck durch Amazon angewiesen.

Hier kann es manchmal leider zu farblichen Mängeln kommen und einem unleserlichem QR Code. Wenn du ein mangelhaftes Exemplar erhalten hast, dein QR Code nicht zu lesen ist oder du Schwierigkeiten hast, deine Karte herunterzuladen, schreibe und gern eine Mail an:

kontakt@lmo-publishing.de

SEHENSWÜRDIGKEITEN

... vom Königlichen Schloss bis zu grünen Inseln im Schärengarten

Zwischen glitzerndem Wasser und eleganter Architektur entfaltet sich das stolze Herz Stockholms. Die schwedische Hauptstadt, die sich über 14 Inseln erstreckt, zählt zu den eindrucksvollsten Städten Nordeuropas. Ihre Sehenswürdigkeiten reichen von königlicher Pracht bis zu moderner Designkultur und stillen Rückzugsorten mitten in der Stadt.

Im Zentrum thront das Königliche Schloss inmitten der Altstadt Gamla Stan, während gleich nebenan farbenfrohe Gassen und geschichtsträchtige Plätze zum Flanieren einladen. Stockholm vereint skandinavische Klarheit mit historischem Erbe – geprägt von Palästen, Museen und einer außergewöhnlichen Nähe zur Natur.

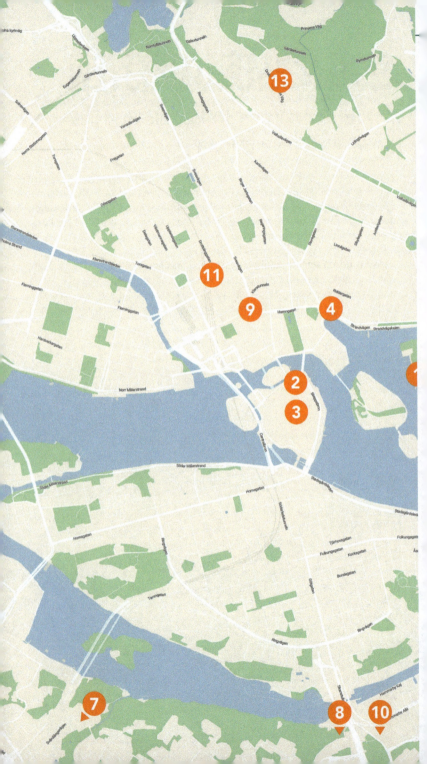

HIGHLIGHTS

#1 Vasa-Museum

#2 Kungliga Slottet

#3 Gamla stan

#4 Boulevard Strandvägen

#5 Freilichtmuseum Skansen

#6 Gröna Lund Tivoli

#7 Schloss Drottningholm

#8 Avicii Arena

#9 Avicii Experience

#10 Skogskyrkogården

#11 Drottninggatan

#13 Königliche Technische Hochschulet

City Go Pass Stockholm

#1 Vasa Museum

... Kriegsschiff als Zeitkapsel aus dem 17. Jahrhundert

Mächtig und erhaben thront das Kriegsschiff Vasa im Museum, das eigens für das gesunkene Schiff erbaut wurde. Das Vasa-Museum ist das beliebteste skandinavische Museum und ein absolutes Muss für deinen Stockholmbesuch. Es wurde vom schwedischen König Gustav II. Adolf in Auftrag gegeben und im Jahr 1626 erbaut. Rund 400 Arbeiter waren für den Bau des massiven Kriegsschiffes nötig.

Am 10. August 1628 machte die Vasa ihre erste Jungfernfahrt - und ihre einzige. Denn schon nach 15 Minuten stellte sich ein Problem ein. Eine einzige Windböe, die in der Regel für ein solch erhabenes Schiff kein Problem sein sollte, ließ die Vasa zur Seite neigen. Daraufhin lief das untere Deck mit Wasser voll. Panik machte sich bei der Mannschaft breit, die das Leck zu stopfen versuchte. Weitere fünf Minuten später folgte eine weitere Böe, die das Schiff endgültig zu Fall brachte. Die Fahrt des einst mächtigen Schiffes der schwedischen Flotte trat eine kurze Reise an, bis es schließlich sank. Etwa 30 der 150 Personen an Bord kamen ums Leben.

Sehenswürdigkeiten

Es dauerte 333 Jahre, bis die Vasa geborgen wurde. Der Grund für das Sinken des Schiffes liegt in dem massiven Gewicht: Die Vasa wog etwa 1200 Tonnen. Drei Masten mit zehn Segeln reichten nicht aus, um die 52 Meter hohe und 69 Meter lange Vasa auf dem Wasser zu halten. Um Eindruck zu schaffen, war die Vasa mit zahlreichen Skulpturen und Holzschnitzereien ausgestattet. Das sorgte für ein enormes Gewicht. Die Besatzung an Bord und die 64 Kanonen trugen zur Überbelastung, die der Vasa zum Verhängnis wurde, bei. Denn die Stabilitätsberechnung war im 17. Jahrhundert noch nicht bekannt.

Die Überreste der Vasa sind bis heute gut erhalten. Rund 30 Jahre Restaurationsarbeit machen die Ausstellung lohnenswert. Seit 1990 steht die Vasa der Öffentlichkeit zur Besichtigung zur Verfügung. Ein Audioguide führt dich durch die Ausstellung, die neben dem imposanten Schiff weitere Ausstellungsstücke aus der damaligen Zeit bereithält. Für Kinder gibt es einen eigenen Kinder-Audioguide, der kindgerechte Fakten präsentiert. Einige der Galeonen und Skulpturen, die aus Holz bestehen, sind nachträglich angemalt worden. Denn anders als viele vermuten, waren die Schnitzereien zur Abschreckung der Feinde bemalt worden. Zudem erfährst du, wie der Finder Anders Franzén sich auf die Suche nach dem Wrack machte und wie die aufwendige Bergung vonstattenging. Beeindruckend ist der Film, der in mehreren Sprachen, darunter auch Deutsch, gehalten ist. Eine Führung findet mehrmals täglich statt. Der Preis für die 25-minütige Führung ist im Eintrittsgeld enthalten.

Das Museum ist barrierefrei gestaltet und es gibt auf jeder Etage zugängliche Toiletten mit gesonderten Wickeltischen. Im Eingangsbereich findest du Spints, die dir das Einschließen großer Taschen und Rucksäcke erlauben. Nach deinem Besuch hast du sicher Hunger bekommen: Das Vasa-Restaurant ist gleich nebenan und versorgt dich mit schwedischer Hausmannskost.

DAS SOLLTEST DU WISSEN

Nimm dir einen Pullover mit, denn im Inneren des Museums herrschen kühle 18 bis 20 Grad Celsius. Die konstante Temperatur ist wichtig, damit das Ausstellungsstück gut erhalten bleibt.

Adresse: Vasa-Museum, Galärvarvsvägen 14, 115 21 Stockholm; Öffnungszeiten: täglich von 10 bis 17 Uhr, mittwochs von 10 bis 20 Uhr

Anfahrt: Das Vasa-Museum befindet sich auf Djurgården. Du erreichst es am besten mit der Buslinie 69, die etwa 17 Minuten vom Hauptbahnhof braucht. Mit dem Fahrrad benötigst du etwa neun Minuten. Mit der Fährlinie 80 gelangst du bis zur Anlegestelle Allmänna gränd- von dort sind es noch neun Gehminuten bis zum Vasa-Museum.

Preise: Erwachsene und Senioren zahlen 195 SEK für den Eintritt (Stand: 2025). Kinder sind bis 18 Jahren kostenlos. Mit diversen Museumskarten - wie etwa mit dem Stockholm Pass von Go City- gelangst du einmalig kostenlos ins Museum. Des Weiteren gibt es Kombiticketangebote, die dir einen günstigeren Eintritt ins Vasa- und ins Vrak-Museum ermöglichen.

City Go Pass Stockholm

#2 Kungliga Slottet

... königliche Prunkräume und Wache der Monarchie

Die Schweden sind stolz auf ihre konstitutionelle Monarchie, die seit dem Jahr 1523 besteht. Der erste König war Gustav Vasa (1496-1560), mit dem die Zeit der Kalmarer Union endete. Seit 1818 stammt die schwedische Königsfamilie aus dem Haus Bernadotte. In Stockholm gibt es mehrere Plätze, die dir einen royalen Hauch vermitteln. Dazu gehört das Stockholmer Schloss, das im Schwedischen Stockholms slott heißt. Du findest es auch unter dem Namen Kungliga Slottet, was so viel wie Königliches Schloss bedeutet. Die Königsfamilie lebt zwar nicht mehr dort, doch sie nutzt die Residenz als Arbeitsplatz und für Staatsempfänge. Du findest das Schloss im Stadtteil Gamla Stan, der Altstadt Stockholms. Das Schloss wurde ab 1697 im Barockstil unter der Leitung vom Hofarchitekten Nicodemus Tessin d. J. (1654-1728) erbaut. Die Fertigstellung dauerte bis ins Jahr 1760, was aufgrund der Größe verständlich ist. Das Residenzschloss der schwedischen Königsfamilie beinhaltet die drei Museen und die große Bernadotte-Bibliothek mit über 100.000 Büchern. Das Zentrum des Schlosses bildet das quadratische Gebäude, das einen prachtvollen Innenhof umschließt. Insgesamt ist das Schloss 230 Meter lang und 125 Meter breit. Über 600 Räume sind in dem Schloss, das zu einem der größten Europas gehört, vorhanden. In diesen Räumlichkeiten sind unter anderem die Staatsappartements, die Bernadotte-Appartements und das Gästeappartement untergebracht. Der prunkvolle Saal und die Räumlichkeiten, in denen die Orden aufbewahrt werden, gehören ebenfalls dazu.

Bei deinem Besuch hast du die Möglichkeit, einen Einblick ins Leben der royalen Familie zu erhalten. Der Zugang zum Festsaal, der für Galas genutzt wird, zur Schatzkammer und zu den Gästeappartements ist mit deinem Ticket möglich. Die hohen Decken mit den goldenen Verzierungen und den funkelnden Kronleuchtern machen den besonderen Charme der Festsäle aus.

In den Kellergewölben des Schlosses befindet sich das Museum Tre Kronor: Es zeigt dir die Überreste der Burg aus dem Jahr 1697, die durch einen Brand zerstört wurde. Auf diesen Gemäuern steht der im Jahr 1754 erbaute Palast. Die alten Gewölbe erinnern an die Architektur Roms und die ausgestellten Artefakte machen die frühere Lebensweise sichtbar. Ferner lohnt sich der Besuch der Schatzkammer, die sich ebenfalls im Keller befindet. Darin sind die königlichen Kronjuwelen, das Staatsschwert von Gustav Vasa und die Krone von Erik XIV. aufbewahrt. Das silberne Taufbecken aus dem Jahr 1696 wird noch heute für Tauffeiern der schwedischen Königsfamilie verwendet.

Das Schloss bietet für Kinder eine Art Schnitzeljagd, die sich mit Tieren befasst. Wo lassen sich im Gebäude, an den Decken oder auf den Möbeln verschiedene Tiersymbole finden? Am Empfang erhältst du mehr Informationen dazu.

DAS SOLLTEST DU WISSEN

Das Museum Tre Kronor ist nicht gerade groß. Da es im Ticketpreis enthalten ist, lohnt sich der Besuch dennoch. Für die Begehung brauchst du nicht länger als 20 Minuten. Für das Schloss hingegen solltest du dir zwischen zwei bis drei Stunden Zeit einplanen. Im Hof des Königlichen Schlosses befindet sich der Geschenkladen, wo du Souvenirs käuflich erwirbst.

Während des Sommers sind die Zugänge zum Antiquitätenmuseum Gustavs III. sowie zur Schlosskapelle möglich. Nach deinem Rundgang lohnt sich das kleine Café im Innenhof, das dir Zimtschnecken, Smörgåsar (belegte Brote) und Salate bietet. Außerhalb der Monate Juni bis September ist das nahegelegene Restaurant Tradition eine gute Alternative, das nur vier Gehminuten entfernt liegt.

Informiere dich im Vorfeld, ob das Stockholmer Schloss für Staatsbesuche oder andere Feierlichkeiten geschlossen ist.

Adresse: Kungliga slottet, Slottsbacken 1, 107 70 Stockholm; Öffnungszeiten: täglich von 10 bis 16 Uhr

Anfahrt: Vom Hauptbahnhof brauchst du nur 15 Gehminuten. Mit den Straßenbahnlinien 13, 14, 17 und 19 sind es nur zehn Minuten bis zur Haltestelle Gamla Stan und weitere drei Minuten zu Fuß.

Preise: Die Tickets erhältst du an allen Eingangsstellen am Schloss oder online. Die Tickets kosten außerhalb der Saison von Mai bis September 200 SEK und während dieser Zeit 220 SEK pro Erwachsener (Stand: 2025). Studenten zahlen 20 Kronen weniger und Kinder von sieben bis 17 Jahren zahlen nur die Hälfte. Es gibt einige Karten wie etwa die Kulturerbe-Karte (Kulturarvskortet), die dir 50 Prozent Rabatt gewähren. Mit dem Go City Stockholm Pass hast du einmalig freien Eintritt. Zudem lohnen sich manche Kombitickets, wenn du weitere Attraktionen - wie zum Beispiel das Schloss Rosendal - besichtigst.

#3 Gamla Stan

... Kopfsteinpflaster, Geschichte, goldenes Gassenflair

Märchenhaft schaut die Altstadt Stockholms aus, die auf der Stadtinsel Stadsholmen liegt. Auf Schwedisch heißt sie Gamla Stan (oder vielmehr gamla staden), die du dir unbedingt auf deiner Reise in Schwedens Hauptstadt ansehen solltest. Gamla Stan verbindet heute den nördlich gelegenen Stadtteil Norrmalm, der als Stadtzentrum fungiert, mit dem Stadtteil Södermalm im Süden. Letzterer ist für die Verwaltung von Gamla Stan zuständig.

Die Altstadt ist für viele Reisende die erste Anlaufstelle, um sich in Stockholm zu orientieren. Zahlreiche Bänke laden dich zum Verweilen ein, um das rege Treiben zu beobachten. Der große und zentrale Platz namens Stortorget ist umgeben von bunten Giebelhäusern, die in markanten Erdtönen gehalten sind. Die kunstvoll verzierten Dächer und die vielen Fenster tragen zur Idylle bei. Dabei sticht dir das rote Ribbinska Huset ins Auge, das 82 weiße Kacheln besitzt. Es macht die schwedische Baukunst sichtbar und erinnert an ein nicht ganz so schönes Ereignis in der Geschichte Stockholms, das mit einem Blutbad endete.

Dennoch ist der Stortorget einer der schönsten Orte in Stockholm. Bunte Blumenkästen schmücken das Jahr über den Platz der Altstadt, wo du viele Cafés, Restaurants vorfindest. Nicht nur klassische Souvenirs wie etwa Schwedenfähnchen oder Elchstofftiere erhältst du in den Souvenirshops, sondern auch hochwertige Handwerkskunst in den Galerien und Kunsthandwerksgeschäften. Wundervoll gefertigte Dinge aus Glas, Porzellan oder Wolle sind typisch für die hohe Handwerkskunst. Schon im 16. und

Sehenswürdigkeiten

17. Jahrhundert zog es viele deutsche Kaufleute, Künstler oder Handwerker, um Geschäfte zu machen oder um sich zu inspirieren. Darum findest du noch heute zahlreiche Gassen, die deutsche Namen tragen. Die kleinen Gassen mit ihrem Kopfsteinpflaster sind eng gehalten und erinnern an die Zeit der Spätrenaissance zurück, als die Altstadt zum mächtigen Zentrum wurde. Alles begann im 13. Jahrhundert, als die damaligen Hauseigentümer den Schutz neben der gebauten Burg suchten. Viele Jahrhunderte lang war Gamla Stan Stockholms Zentrum. Daher findest du zahlreiche Sehenswürdigkeiten im Stadtteil, die auf eine lange Tradition zurückblicken. Der Stockholmer Dom (Storkyrkan), die Begräbniskirche Riddarholmskyrkan mit den Gräbern berühmter Persönlichkeiten und schwedischen Königen oder das Stockholmer Schloss (Kungliga Slottet) sind nur einige davon. Für deine Erkundung von Gamla Stan brauchst du in der Regel einen Tag, wenn du dir die vielen sehenswerten Orte ansiehst.

Adresse: St. Gertrud, Svartmangatan 16, 111 29 Stockholm; Öffnungszeiten: freitags bis sonntags von 11 bis 15 Uhr; der Gottesdienst findet sonntags um 11 Uhr statt

DAS SOLLTEST DU WISSEN
In Gamla Stan gibt es eine deutsche Kirche (Tyska kyrkan) namens St. Gertrud, die auf die deutsche Bevölkerung im 17. Jahrhundert hinweist. Wenn du also einen Gottesdienst auf Deutsch besuchen möchtest, ist das der beste Ort für dich. Auch sonst lohnt sich der Besuch der Kirche außerhalb des Gottesdienstes, denn die Kirche aus der Spätrenaissance und dem Barock hat den höchsten Glockenturm Stockholms mit 96 Metern. Ein weiterer Höhepunkt ist das Glockenspiel moderner Lieder, zum Beispiel von ABBA oder Lady Gaga, das jeden Mittwoch um 15.30 Uhr für 15 Minuten gespielt wird!

Anfahrt: Um nach Gamla Stan zu kommen, hast du verschiedene Möglichkeiten. Vom Hauptbahnhof aus sind es rund 1,2 Kilometer, die du in knapp 18 Minuten gelaufen bist. Mit dem Auto brauchst du rund sechs Minuten und mit den vielen Straßenbahnlinien etwa zwölf Minuten. Außerdem gibt es mehrere Fähranleger, die die umliegenden Stadtinseln mit Gamla Stan verbinden.

Sehenswürdigkeiten Stockholms hautnah erleben

#4 Boulevard Strandvägen

... Blick auf Boote, Villen und Nobelhotels

Der Strandvägen zählt zweifellos zu den eindrucksvollsten Straßenzügen Stockholms – nicht nur wegen seiner Lage direkt am Wasser, sondern auch wegen seiner beeindruckenden Architektur. Der Prachtboulevard erstreckt sich auf etwa 1,2 Kilometern Länge vom zentral gelegenen Nybroplan bis zur Djurgårdsbrücke und ist ein Paradebeispiel für das städtebauliche Selbstbewusstsein des späten 19. Jahrhunderts. Die meisten Gebäude entlang des Boulevards entstanden zwischen 1890 und 1910, als Stockholm sein Gesicht durch groß angelegte Stadtentwicklungsprojekte stark

Sehenswürdigkeiten

veränderte. Besonders ins Auge fallen die aufwendig verzierten Fassaden im Stil des Neobarock und der Neorenaissance – darunter die berühmte Hausnummer 55, das sogenannte Bünsowska huset, das mit seinen Türmen und Giebeln an ein Märchenschloss erinnert.

Der gesamte Kai, der sogenannte Strandvägskajen, ist öffentlich zugänglich und mit breiten Gehwegen, Pflastersteinbereichen und Bänken ausgestattet. Die Promenade ist durchgängig barrierefrei, was sie für Kinderwagen, Rollstühle oder Menschen mit eingeschränkter Mobilität gut passierbar macht. Gerade an Wochenenden trifft man hier Einheimische beim Joggen, Hundespaziergang oder auf dem Weg zu einem der Museumsbesuche auf Djurgården.

Besonders stimmungsvoll ist der Abschnitt entlang des Hafens Strandvägshamnen. Hier liegen klassische Holzsegler, Ausflugsschiffe und historische Dampfer wie die S/S Blidösund, ein kohlebefeuertes Dampfschiff von 1911, das in den Sommermonaten Fahrten durch den Schärengarten anbietet. Wer eine Bootstour plant, kann an der Anlegestelle „Nybrokajen" (Adresse: Nybrohamnen, 111 47 Stockholm) eines der zahlreichen Boote der Reedereien „Strömma Kanalbolaget" oder „Waxholmsbolaget" besteigen. Die meisten Ausflüge führen in die nahegelegene Inselwelt der Stockholmer Schären.

Die Flaniermeile eignet sich hervorragend für einen Spaziergang im Rahmen eines größeren Stadtbummels. Empfehlenswert ist ein Rundweg, der in Gamla Stan beginnt, entlang des Königlichen Schlosses und des Nationalmuseums führt, bevor man über den Nybroplan auf den Strandvägen gelangt und schließlich die Insel Djurgården über die gleichnamige Brücke erreicht. In den Sommermonaten laden am Ufer kleine Verkaufsstände zu einer Pause mit schwedischem Eis oder frischem Kaffee ein. Restaurants wie das „Strandvägen 1" (Adresse: Strandvägen 1, 114 51 Stockholm) bieten skandinavische Küche mit gehobenem Anspruch in stilvollem Ambiente – mit Glück auch mit Außenplätzen direkt zur Uferpromenade.

DAS SOLLTEST DU WISSEN

Im Innenhof der Hausnummer 5A auf dem Strandvägen findest du eine unscheinbare Bronzestatue des Bildhauers Carl Eldh, die eine Hommage an die schwedische Schauspielerin Harriet Bosse darstellt. Sie war eine der großen Theatergrößen des frühen 20. Jahrhunderts und die Muse von August Strindberg. Ein kurzer Abstecher durch das Tor lohnt sich für alle, die sich für Kulturgeschichte interessieren.

Adresse: Strandvägen, 114 56 Stockholm

Anfahrt: Vom Hauptbahnhof aus nimmst du die Buslinie 69, die dich in rund 18 Minuten zum Boulevard bringt. Mit dem Fahrrad brauchst du lediglich neun Minuten.

#5 Freilichtmuseum Skansen

... Schwedens Geschichte zum Anfassen

Um mehr über die schwedische Kultur und Geschichte zu erfahren, ist ein Besuch des ältesten Freilichtmuseums eine gute Idee. Das Skansen Freilichtmuseum zeigt dir auf 75 Hektar Fläche das Leben von vor mehr als 120 Jahren. Der Gründer Artur Hazelius auf der Halbinsel Djurgården in Stockholm errichtete im Jahr 1891 das Freilichtmuseum, das heute mehr als 150 Häuser beherbergt.

Sehenswürdigkeiten

Neben den einzelnen Handwerksbetrieben, in denen Keramik hergestellt, Seile gesponnen oder Wurst fabriziert wird, gibt es einen kleinen Wildtierzoo mit nordischen Tieren. Elche, Polarfüchse oder der Vielfraß sind bei Familien sehr beliebt. Daneben gibt es Hühner, Pferde und Kaninchen, die das traditionelle Leben auf dem Land repräsentieren. Viele Spielplätze auf dem großen Gelände runden das familienfreundliche Konzept ab.

Für deinen Rundgang solltest du mehr als vier Stunden Zeit einplanen. Die verschiedenen Dörfer sind chronologisch aufgebaut und du erfährst mehr über die verschiedenen Häuser durch das verkleidete Personal vor Ort. Wie ist ein Eisenwarenladen aufgebaut, wie lebten die Menschen vor über 100 Jahren und wie sah eine Maschinenwerkstatt früher aus? Diese und weitere Fragen beantwortet dir das Freilichtmuseum auf anschauliche Art. Zudem finden in der Hauptsaison ab Mai täglich wechselnde Workshops statt, die allerdings oftmals auf Schwedisch gehalten werden.

Im Sommer, an Heiligabend und im Advent hat der Museumsshop geöffnet. Dort erhältst du Produkte, die vom Personal in Skansen auf altmodische Weise hergestellt werden. Weitere Produkte, die du direkt vor Ort probierst, findest du in den Cafés und im Restaurant.

Das Freilichtmuseum hat im Sommer Hochbetrieb. Im Winter sind der Weihnachtsmarkt und das Lucia-Fest mit den typisch schwedischen Bräuchen sehr beliebt.

DAS SOLLTEST DU WISSEN
Ein echtes Erlebnis ist die Fahrt mit der Skansens bergbana. Die alte Standseilbahn führt dich auf einer Strecke von knapp 200 Metern den Skansen-Hügel hinab. Die Wartezeit beträgt nicht länger als 15 Minuten. Erstmals wurde sie im Jahr 1897 in Betrieb genommen und im Jahr 1973 modernisiert.

Adresse: Skansen Freilichtmuseum, Djurgårdsslätten 49-51, 115 21 Stockholm; Öffnungszeiten: montags bis donnerstags von 10 bis 15 Uhr, freitags und samstags von 10 bis 18 Uhr, sonntags von 10 bis 16 Uhr; die Öffnungszeiten variieren an bestimmten Feiertagen; die Häuser sind in der Regel ab 11 Uhr bis kurz vor Kassenschluss geöffnet.

Anfahrt: Vom Hauptbahnhof aus fährst du mit dem Auto in Richtung Strandvägen und weiter über den Djurgårdsvägen. In 20 Minuten bist du angekommen. Am Eingang, wo sich auch das Restaurant befindet, gibt es einige behindertengerechte Parkplätze. Mit dem Fahrrad brauchst du gerade einmal elf Minuten und mit der Linie 7 ab T-Centralen fährst du rund 14 Minuten. Die Haltestelle lautet Östermalmstorg, die nur wenige Gehminuten vom Freilichtmuseum entfernt liegt.

Preise: Die Tickets sind für den gesamten Tag gültig. Die Eintrittspreise für Erwachsene kosten - je nach Monat - zwischen 220 und 285 SEK (Stand: 2025), Kinder bezahlen 85 SEK und Senioren und Studenten kosten zwischen 200 und 265 SEK. Beachte, dass du in Skansen fast ausschließlich bargeldlos bezahlst!

City Go Pass Stockholm

#6 Gröna Lund Tivoli

... der familienfreundliche Freizeitpark

Wenn du in Stockholm nach Nervenkitzel und familienfreundlicher Unterhaltung suchst, dann führt kein Weg am Gröna Lund vorbei. Der traditionsreiche Freizeitpark befindet sich auf der westlichen Seite von Djurgården – direkt gegenüber von Södermalm – und ist mit der Straßenbahnlinie 7 oder der Djurgårdsfähre vom Slussen aus in wenigen Minuten erreichbar. Die Adresse lautet Lilla Allmänna Gränd 9, 115 21 Stockholm.

Seit seiner Eröffnung im Jahr 1883 zählt Gröna Lund zu den ältesten Freizeitparks Europas. Gegründet wurde er von dem aus Berlin stammenden Schausteller Jakob Schultheis, der das Gelände ursprünglich für kleinere Jahrmarktstände und Fahrgeschäfte nutzte. Heute erinnern nur noch wenige historische Bauten an die Anfänge des Parks, doch das traditionsreiche Flair ist weiterhin spürbar – etwa im charmanten Kettenkarussell „Eclipse", das dich in 121 Metern Höhe in luftige Kreise über das Wasser schickt. Diese Attraktion zählt zu den höchsten ihrer Art weltweit und bietet einen atemberaubenden Blick über die Inselwelt Stockholms.

Der Park umfasst rund vier Hektar und ist damit zwar kompakter als viele internationale Freizeitparks, aber gerade das macht seinen besonderen Reiz aus. Die Wege sind kurz, das Angebot dennoch vielfältig: Adrenalinfans zieht es zur Holzachterbahn „Twister" oder zum Freifallturm „Ikaros", der dich

Sehenswürdigkeiten

senkrecht Richtung Erdboden stürzen lässt – mit freier Sicht auf das Wasser der Saltsjön-Bucht. Wer es entspannter mag, kann sich im Nostalgieriesenrad „Kvasten" eine Verschnaufpause gönnen oder mit den Kleinen das farbenfrohe Kinderland mit Mini-Achterbahn, Karussells und interaktiven Spielstationen erkunden.

Gröna Lund ist nicht nur ein Freizeitpark, sondern auch ein bedeutender Kulturort. Besonders im Spätsommer wird das Areal regelmäßig zur Konzertbühne. Größen wie Bob Marley, Paul McCartney, Lady Gaga oder die schwedische Kultband The Hives haben hier bereits gespielt. Diese Mischung aus Volksfestcharakter und internationalem Line-up macht den Park auch bei Einheimischen beliebt. Während der Open-Air-Saison kann es vorkommen, dass Konzerte bis spät in den Abend stattfinden – ein einzigartiges Erlebnis, wenn das Lichtermeer des Parks mit der Musik verschmilzt.

Das gastronomische Angebot reicht von klassischem Fast Food bis zu modernen Interpretationen schwedischer Hausmannskost. Empfehlenswert ist ein Besuch im „Kaskad" – einem Restaurant mit Außenterrasse und Blick auf das Wasser. Für Gäste mit besonderen Bedürfnissen stehen zahlreiche barrierefreie Einrichtungen bereit, darunter ebenerdige Zugänge zu Attraktionen, ausgewiesene Ruhezonen und behindertengerechte Toiletten.

Geöffnet ist Gröna Lund von Anfang Mai bis Mitte Oktober. Die Öffnungszeiten variieren je nach Wochentag und Saison – meist zwischen 10 und 22 Uhr. Besonders an Wochenenden und während der schwedischen Sommerferien ist mit großem Besucherandrang zu rechnen. Wer flexibel ist, sollte seinen Besuch auf einen Wochentag legen und das Ticket im Voraus online buchen. Das spart Wartezeit an der Kasse und garantiert den Zugang, da der Park aus Sicherheitsgründen eine tägliche Besucherobergrenze einhält.

DAS SOLLTEST DU WISSEN
Bei Konzerten gelten gesonderte Eintrittspreise, und der Zutritt zum Park kann an diesen Tagen auch ohne Nutzung der Fahrgeschäfte kostspieliger sein. Prüfe daher den Veranstaltungskalender im Vorfeld auf der offiziellen Website des Parks (www.gronalund.com), um deinen Besuch optimal zu planen.

Adresse: Gröna Lund, Lilla Allmänna Gränd 9, 115 21 Stockholm; die Öffnungszeiten variieren täglich, wobei der Park dienstags bis donnerstags geschlossen ist

Anfahrt: Ab T-Centralen, dem Stockholmer U-Bahnnetz nahe dem Hauptbahnhof, nimmst du die Linie 7 in Richtung Waldemarsudde. Sie führt dich über den Strandvägen bis zur Haltestelle Liljevalchs/Gröna Lund in rund 19 Minuten.

Preise: Die Preise für Erwachsene variieren an den einzelnen Wochentagen. Die Tickets kosten dich zwischen 445 und 595 Kronen (Stand: 2025). Kinder bezahlen zwischen 395 und 545 Kronen. Mit dem Stockholm Go City Pass kommst du einmalig gratis in den Park, doch du musst die Attraktionen zusätzlich bezahlen.

City Go Pass Stockholm

#7 Schloss Drottningholm

... Residenz des schwedischen Königspaares

Es ist eines von mehreren Schlössern der schwedischen Königsfamilie und gilt als das am besten erhaltene Schloss in Schweden. Das Schloss Drottningholm, das aus dem 17. Jahrhundert stammt, gehört seit 1991 zum UNESCO-Weltkulturerbe. Das Schloss liegt etwas außerhalb von Stockholm, ist aber mit öffentlichen Verkehrsmitteln schnell erreichbar. Du findest es südwestlich von Stockholm auf der Insel Lovön im See Mälaren. Dein Besuch lohnt sich allemal, denn es handelt sich um den dauerhaften Wohnsitz des Königspaars, der im Südflügel untergebracht ist. Der Rest des Schlosses und die Gärten sind für die Öffentlichkeit zugänglich.

Du beginnst deine Tour am Empfangsbereich, wo du ein Ticket für alle frei zugänglichen Bereiche erhältst. Zuvor musst du eine Sicherheitskontrolle passieren, die für alle Besucher verpflichtend ist.

Der Rundgang durch das im Jahr 1662 erbaute Gebäude zeigt dir die Geschichte und das Leben der royalen Familie auf. Das Schloss wurde von Königin Hedwig Eleonora (1636-1715) in Auftrag gegeben. Die einzelnen Zim-

Sehenswürdigkeiten

mer sind wahrlich königlich gestaltet: Stuckarbeiten an den Wänden, goldene Bilderrahmen mit handbemalten Gemälden und vergoldete Kronleuchter sorgen für den gewissen Prunk. Wenn du mehr Informationen erhalten möchtest, bietet sich eine der Führungen an. Diese finden mehrmals täglich statt und werden in verschiedenen Sprachen abgehalten. Für die Führung musst du allerdings einen Aufpreis von rund 30 SEK zahlen. Für Kinder gibt es am Empfang eine Art Schnitzeljagd, die den Kleinen das Schloss auf kindgerechte Weise näherbringt.

Das Schloss wird auch das schwedische Versailles genannt. Das liegt mitunter an den prachtvollen Gärten, die dem französischen Vorbild ähneln. Der wunderschöne Barockgarten, der sich hinter dem Schloss erstreckt, ist vom Stadtarchitekten Nicodemus Tessin (1615-1681) entworfen worden. Die gepflegte Rasenfläche, die einzelnen Buchsbäume und die Springbrunnen versprühen einen royalen Charme. Weitere Sehenswürdigkeiten sind der chinesische Pavillon und das Schlosstheater.

Am Ende deiner Tour genießt du die schöne Aussicht im Restaurant oder im Café des Schlosses.

Anfahrt: Mit dem Auto kommend brauchst du rund 25 Minuten vom Stadtzentrum Stockholms bis zum Schloss, wenn du die Bundesstraßen 275 und 261 nimmst. Vor Ort gibt es gebührenpflichtige Parkplätze für Besucher. Mit dem Fahrrad oder mit der Bahn brauchst du jeweils 45 Minuten vom Hauptbahnhof aus. Dafür nimmst du die Linie 17 oder 18. In Solna steigst du einmal um und nimmst eine der Buslinien, die dich direkt zum Schloss fahren. Eine Bootstour über den Mälärensee lohnt sich ebenfalls, wenn du einen Blick auf das Schloss vom Wasser aus genießen möchtest.

DAS SOLLTEST DU WISSEN

Für royale Spaziergänge in und um Stockholm lohnt sich der Download der offiziellen App „Kungliga promenader" der schwedischen Königsfamilie. Sie ist kostenlos im App Store und bei Google Play erhältlich und bietet dir thematisch kuratierte Routen mit spannenden Hintergrundinfos zu königlichen Gebäuden, Parks und Skulpturen. Praktisch: Du erhältst über die App auch Hinweise zu aktuellen Öffnungszeiten und temporären Schließungen – besonders hilfreich bei einem Besuch von Drottningholm oder dem Chinesischen Pavillon.

Adresse: Schloss Drottningholm, Drottningholm Palace, 178 93 Drottningholm; Öffnungszeiten: Das Schloss Drottninholm ist nur von Mai bis September täglich von 10 bis 17 Uhr geöffnet zugänglich. Außerhalb der Saison besuchst du es samstags und sonntags von 10 bis 16 Uhr.

Preise: Erwachsene zahlen 160 SEK, Studenten kosten 140 SEK und Kinder zwischen sieben und 17 Jahren bezahlen 80 SEK (Stand: 2025). Mit dem Ticket hast du freien Zugang zum Rundgang, zu den Gärten und dem chinesischen Pavillon. Schaue dir auch die verschiedenen Kombitickets an, um Geld bei anderen royalen Sehenswürdigkeiten zu sparen. Mit dem Stockholm Go City Pass hast du freien Eintritt.

Sehenswürdigkeiten Stockholms hautnah erleben

#8 Avicii Arena
... SkyView an der ehemaligen Ericsson Globe

Die Avicii Arena gehört zu den markantesten Bauwerken Stockholms und ist ein zentraler Schauplatz für Großveranstaltungen aller Art. Die kugelförmige Struktur im Stadtteil Johanneshov wurde 1989 eröffnet und misst imposante 110 Meter im Durchmesser sowie 85 Meter in der Höhe. Mit dieser Größe ist sie nicht nur die größte sphärische Gebäudeform der Welt, sondern auch ein Symbol moderner Ingenieurskunst. Ursprünglich unter dem Namen Stockholm Globe Arena bekannt, war sie jahrelang als Ericsson Globe ein fester Begriff im internationalen Konzert- und Sportbetrieb. Die Umbenennung zur Avicii Arena im Jahr 2021 erfolgte zu Ehren des 2018 verstorbenen schwedischen DJs und Produzenten Tim Bergling – weltweit bekannt unter dem Künstlernamen Avicii. Damit wurde das Gebäude nicht nur namentlich, sondern auch symbolisch zum Mahnmal für psychische Gesundheit unter jungen Künstlern und in der Gesellschaft allgemein.

Mit einem Fassungsvermögen von bis zu 16.000 Besuchern bei Konzerten zählt die Arena zu den größten Indoor-Veranstaltungsorten Skandinaviens. Hier fanden nicht nur unzählige Auftritte internationaler Superstars wie Beyoncé, Metallica oder Elton John statt, sondern auch sportliche Großereignisse wie Weltmeisterschaften im Eishockey oder der Eurovision Song Contest 2016. Die Arena ist Heimspielstätte des traditionsreichen Eishockeyclubs Djurgårdens IF und regelmäßiger Austragungsort von Länderspielen.

Besonders auffällig ist ihre Architektur: Die leuchtend weiße Kuppel ist Teil des

Sehenswürdigkeiten

sogenannten Sweden Solar System – des weltweit größten maßstabsgetreuen Modells unseres Sonnensystems. Die Avicii Arena repräsentiert darin die Sonne, während andere Orte in Schweden, teils mehrere Hundert Kilometer entfernt, die Positionen der Planeten markieren. So steht beispielsweise das Kunstwerk „Globen Arena" in Smedjebacken für Uranus oder das Schwedische Naturkundemuseum in Stockholm für die Erde.

Seit 2010 ergänzt eine spektakuläre Attraktion das Erlebnis rund um die Arena: SkyView. Zwei gläserne Gondeln, die außen an Schienen entlang der Kuppel fahren, bringen Besucher auf die Spitze des Gebäudes. Der Einstieg erfolgt am SkyView-Eingang in der Arenavägen 69, 121 77 Johanneshov. Die Fahrt dauert rund 25 Minuten und bietet einen der besten Panoramaausblicke auf ganz Stockholm – bei klarer Sicht reicht der Blick bis zu den Schäreninseln. In jeder Gondel finden maximal zwölf Personen Platz. Vor dem Aufstieg wird ein Kurzfilm über die Baugeschichte des Gebäudes gezeigt, der auf die spektakuläre Technik und die Entstehung des Globen eingeht. Während der Fahrt erhalten Gäste über Audioguides Hintergrundinformationen, die auf mehreren Sprachen verfügbar sind.

Wer die Aussicht in Ruhe genießen möchte, sollte vor allem an Wochenenden oder in den Sommerferien etwas Geduld mitbringen. Wartezeiten von bis zu einer Stunde sind an gut frequentierten Tagen keine Seltenheit. Eine Online-Reservierung der SkyView-Tickets über die offizielle Website wird dringend empfohlen. Auch Kombitickets für Arena-Besichtigung und SkyView sind gelegentlich erhältlich.

Unmittelbar neben der Avicii Arena befinden sich weitere bedeutende Einrichtungen, die sich ideal für einen Kombinationsbesuch anbieten. Direkt gegenüber liegt die Tele2 Arena – ein hochmodernes Multifunktionsstadion, das 2013 eröffnet wurde und heute unter anderem als Heimstadion für die Fußballvereine Hammarby IF und Djurgårdens IF dient. In Sichtweite befindet sich außerdem das Einkaufszentrum Globen Shopping mit rund 60 Geschäften, Restaurants und Cafés – ideal für eine Pause oder einen Einkaufsbummel. Der Zugang zum Zentrum erfolgt über die Gullmarsplan oder direkt über die U-Bahn-Station „Globen" der grünen Linie, was die Arena auch für Tagesgäste leicht erreichbar macht.

Adresse: Sky View - Avicii Arena, 121 77 Johanneshov; Öffnungszeiten: täglich von 10 bis 16 Uhr

Anfahrt: Mit dem Auto brauchst du vom Hauptbahnhof rund zehn Minuten und mit den Straßenbahnlinien 17 und 18 ab T-Centralen rund 23 Minuten. Vor der Arena befindet sich die Haltestelle Globen.

Preise: Als Erwachsener bezahlst du für die Fahrt mit dem SkyView-Aufzug 180 SEK. Kinder zwischen fünf und 15 Jahren sowie Senioren bezahlen 140 SEK (Stand: 2025). Mit dem Stockholm Go City Pass hast du die Möglichkeit, den Aufzug kostenlos zu erleben.

Sehenswürdigkeiten Stockholms hautnah erleben

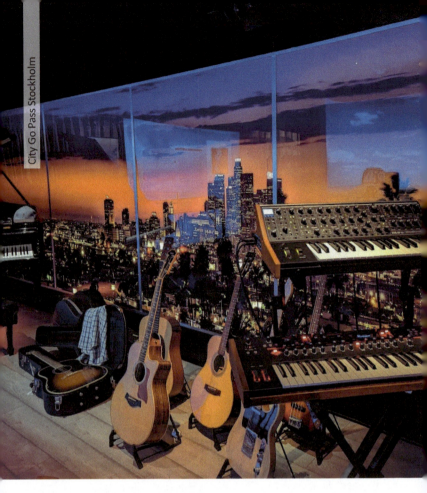

City Go Pass Stockholm

#9 Avicii Experience

... elektronische Beats, bewegende Erinnerungen

Mitten im Herzen Stockholms, nur wenige Gehminuten vom Sergels torg entfernt, liegt ein Ort, der Musikgeschichte, Emotion und gesellschaftliche Relevanz miteinander verbindet: die Avicii Experience. Diese immersive Ausstellung widmet sich dem Leben und Werk des weltbekannten DJs und Produzenten Tim Bergling, der unter seinem Künstlernamen Avicii internationale Musikcharts eroberte und mit seinem einzigartigen Sound eine ganze Generation prägte. Auf rund 300 Quadratmetern erwartet dich hier keine gewöhnliche Musikbiografie, sondern ein tief persönlicher Einblick

Sehenswürdigkeiten

in das Innenleben eines Ausnahmetalents – mit all seinen Erfolgen, Zweifeln und inneren Konflikten.

Eröffnet wurde das Museum im Frühjahr 2022 in den Räumen von Space Stockholm (Sergelgatan 2, 111 57 Stockholm). Initiiert wurde das Projekt von Berglings Familie selbst, die nach dem Besuch des ABBA-Museums den Wunsch verspürte, einen ähnlich erinnerungswürdigen Ort für ihren Sohn zu schaffen. Dabei stand von Anfang an nicht nur die musikalische Karriere im Fokus, sondern auch die psychische Belastung, die mit dem kometenhaften Aufstieg einherging. Die Ausstellung macht deutlich, welchen Druck der junge Künstler unter anderem durch über 200 Auftritte pro Jahr erlebte – ein Thema, das auch heute hochaktuell ist und in Zusammenarbeit mit der Tim Bergling Foundation sensibel aufgearbeitet wird.

Die Ausstellung ist abwechslungsreich und interaktiv gestaltet. Du kannst unter anderem originalgetreu rekonstruierte Räume wie Aviciis Jugendzimmer oder sein Studio in Los Angeles betreten. Persönliche Gegenstände wie Notizhefte, Gitarren oder sein Flügel ermöglichen einen intimen Blick hinter die Kulissen. In interaktiven Bereichen kannst du selbst Musik mixen oder in einzelne Spuren seiner größten Hits hineinhören – darunter natürlich Levels und Wake Me Up, mit dem er 2013 endgültig weltweiten Ruhm erlangte.

Trotz des ernsten Hintergrunds schafft es die Avicii Experience, eine positive, mitreißende Atmosphäre zu vermitteln. Die immersive Soundkulisse, das durchdachte Lichtkonzept und die emotionale Erzählweise lassen dich regelrecht eintauchen in eine Musikwelt, die ebenso brillant wie verletzlich war. Besonders eindrücklich sind die Aussagen von Wegbegleitern, Familienmitgliedern und Fans, die über Kopfhörer oder Bildschirme zugänglich sind.

DAS SOLLTEST DU WISSEN
Der Musiker ist auf einem Waldfriedhof bestattet worden - einem ruhigen und eindrucksvollen Friedhof, der zum UNESCO-Welterbe zählt. Sein Grab befindet sich in der Nähe des Hauptportals an der Adresse Sockenvägen 492, 122 33 Enskede. Wer einen Moment innehalten möchte, kann den Friedhof ganzjährig kostenlos besuchen. Seit September 2022 erinnert außerdem die Skulptur „Standing Waves" im Humlegården an den Künstler. Der stilisierte Klangwellenbogen aus Bronze steht im nördlichen Teil des Parks, unweit der Kreuzung zwischen Karlavägen und Engelbrektsgatan, 114 24 Stockholm – ein Ort, der laut seiner Familie zu seinen persönlichen Rückzugsorten in der Stadt zählte.

Adresse: Sergels Torg 2, 111 57 Stockholm, Schweden; Öffnungszeiten: täglich von bis 18 Uhr

Anfahrt: Das Museum befindet sich nur sieben Gehminuten vom Hauptbahnhof entfernt.

Preise: Je nach Wochentag schwanken die Ticketpreise für Erwachsene zwischen 229 und 249 SEK (Stand: 2025). Studenten und Senioren bezahlen 199 SEK und Kinder im Alter von sieben bis 15 Jahren kosten 129 SEK.

#10 Skogskyrkogården
... der Friedhof berühmter Persöhnlichkeiten

Der Skogskyrkogården im Süden Stockholms ist weit mehr als ein Friedhof – er ist ein architektonisch gestalteter Landschaftsraum, der Spiritualität, Natur und Ästhetik in einzigartiger Weise miteinander verbindet. Eingebettet in eine leicht hügelige Kiefernwaldlandschaft, entstand hier ab 1917 ein visionärer Ort des Gedenkens, der das traditionelle Bild eines Friedhofs grundlegend veränderte. Die Architekten Gunnar Asplund und Sigurd Lewerentz, zwei der bedeutendsten Vertreter des schwedischen Funktionalismus, schufen mit dem Skogskyrkogården einen der ersten Friedhöfe,

Sehenswürdigkeiten

bei dem die natürliche Umgebung integraler Bestandteil des Gesamtkonzepts wurde – ein Ansatz, der weltweit Beachtung fand und später zahlreiche Landschaftsfriedhöfe beeinflusste.

Seit 1994 gehört der Skogskyrkogården zum UNESCO-Weltkulturerbe – nicht wegen prunkvoller Grabmonumente, sondern aufgrund seiner tiefgreifenden Wirkung auf die Friedhofsarchitektur des 20. Jahrhunderts. Die klare Wegführung, das Spiel von Licht und Schatten sowie die bewusste Inszenierung von Ausblicken und Übergängen zwischen offenen Wiesen und dichten Wäldern schaffen eine fast meditative Atmosphäre. Besonders eindrucksvoll ist der sogenannte Meditationslunden, ein offen gestalteter Bereich mit lockerem Baumbestand, der nicht nur zum Gedenken, sondern auch zur inneren Einkehr einlädt. Besucher berichten häufig davon, dass sie hier eine tiefe Ruhe verspüren – ein Gefühl, das durch das sanfte Rauschen der Bäume und die zurückhaltende Gestaltung der Umgebung verstärkt wird.

Auf dem Gelände befinden sich mehrere Kapellen, darunter die Woodland Chapel (Skogskapellet), die 1920 nach Entwurf Asplunds fertiggestellt wurde. Ihr schlichtes, fast sakrales Erscheinungsbild mit Holzverkleidung und steilem Giebeldach fügt sich harmonisch in die Landschaft ein und zählt zu den bedeutendsten Bauten der schwedischen Moderne. Die Resurrection Chapel (Uppståndelsekapellet) von Sigurd Lewerentz wurde einige Jahre später im Stil des Neoklassizismus errichtet und ist über eine eindrucksvolle Lindenallee zu erreichen. Beide Gebäude sind Teil der offiziellen Besichtigungsroute, die über das Besucherzentrum koordiniert wird.

Der Skogskyrkogården ist auch letzte Ruhestätte zahlreicher bekannter Persönlichkeiten. Besonders häufig aufgesucht wird das Grab von Greta Garbo (1905–1990), der schwedisch-amerikanischen Schauspiellegende, die trotz ihrer internationalen Karriere in ihrer Heimat bestattet wurde. Auch der Schriftsteller Ivar Lo-Johansson, eine prägende Figur der schwedischen Arbeiterliteratur, sowie Gunnar Asplund selbst, der hier nicht nur gebaut, sondern auch seine letzte Ruhe gefunden hat, sind auf dem Gelände begraben.

DAS SOLLTEST DU WISSEN

Um mehr über den Waldfriedhof zu erfahren, erhältst du am Eingang des Besucherzentrums einen Audioguide. Geführte Touren – teils auch in deutscher Sprache – finden regelmäßig statt, vor allem in den Sommermonaten.

Adresse: Skogskyrkogården, Sockenvägen, Stockholm; Öffnungszeiten: täglich von 11 bis 16 Uhr, der Haupteingang liegt an der Sockenvägen 492, 122 33 Enskede

Anfahrt: Am einfachsten erreichst du den Skogskyrkogården mit der grünen Linie der U-Bahn (Tunnelbana), Haltestelle „Skogskyrkogården". Die Fahrt vom Zentrum dauert nur etwa 15 Minuten.

#11 Biblioteksgatan und Drottninggatan

... Shopping zwischen Stil und Trubel

Trotz ihres majestätischen Namens wirkt die Drottninggatan – die „Königinstraße" – eher bodenständig als prunkvoll. Sie ist eine der meistfrequentierten Einkaufsstraßen Stockholms und durchzieht das Zentrum der Stadt in Nord-Süd-Richtung – von der Gamla Stan im Süden bis zum Vasaparken im Norden. Die rund 1,5 Kilometer lange Fußgängerzone ist eine feste Größe im Stadtbild und gehört zum Standardprogramm vieler Stockholm-Besucher. Besonders im Bereich zwischen der Klarabergsgatan und der Kungsgatan ist die Straße dicht gesäumt von bekannten Modeketten, Elektronikläden, Souvenirshops und kleineren schwedischen Einzelhändlern. Hier pulsiert das urbane Leben – Straßenkünstler, Einkaufstüten und das Stimmengewirr internationaler Gäste prägen das Bild.

Neben dem Shoppingangebot solltest du auch dem Kulturhuset Stadsteatern am Platz Sergels torg einen Besuch abstatten. Dieses mehrstöckige Kulturzentrum bietet wechselnde Ausstellungen, eine öffentlich zugängliche Stadtbibliothek, Theateraufführungen sowie ein Café mit Panoramablick auf das quirlige Treiben der Innenstadt.

Sehenswürdigkeiten

Wer sich für aktuelle schwedische Kunst und Kultur interessiert, findet hier eine Anlaufstelle abseits der klassischen Museen. Die Adresse lautet Sergels torg 3, 111 57 Stockholm.

Die Drottninggatan selbst ist durchgehend barrierefrei und mit breiten Pflasterwegen sowie zahlreichen Sitzmöglichkeiten ausgestattet. Sie eignet sich daher auch für Spaziergänge mit Kinderwagen oder für Personen mit eingeschränkter Mobilität. Viele Geschäfte öffnen werktags zwischen 10 und 20 Uhr, samstags in der Regel bis 18 Uhr, sonntags bis 17 Uhr (Stand 2025). In der Weihnachtszeit oder zu großen Verkaufsaktionen wie „Black Friday" kann es hier allerdings sehr voll werden.

Wenn du dem Menschenstrom entkommen möchtest oder Lust auf hochwertigere Boutiquen hast, empfiehlt sich ein Abstecher zur Biblioteksgatan, die nur wenige Gehminuten entfernt im Stadtteil Norrmalm liegt. Diese elegante Einkaufsstraße beginnt am Stureplan und zieht sich Richtung Kungsgatan. Hier findest du internationale Designermarken wie Acne Studios, Sandro oder Filippa K, ebenso wie schwedische Premiumlabels. Das Straßenbild ist deutlich ruhiger und stilvoller, die Gehwege sind gepflegt, autofrei und eben – ideal für einen entspannten Bummel. Die Umgebung rund um den Norrmalmstorg ist zudem geprägt von Gründerzeitarchitektur und gepflegten Fassaden, was dem Viertel ein gehobenes Flair verleiht.

Ein Abstecher in eines der gemütlichen Cafés ist beinahe Pflicht – etwa ins „Vete-Katten" (Kungsgatan 55, nur wenige Meter entfernt), das für seine klassischen schwedischen Backwaren bekannt ist. Eine frisch gebackene Kanelbulle, die traditionelle Zimtschnecke, schmeckt hier besonders gut – ideal, um sich nach dem Einkaufsbummel eine kleine Pause zu gönnen.

DAS SOLLTEST DU WISSEN

Zwischen Biblioteksgatan und der angrenzenden Mäster Samuelsgatan findest du eine eher unscheinbare Passage mit dem Namen „Mood Stockholm". Dieses moderne Einkaufs- und Gastronomiequartier verbindet gehobene Boutiquen, Concept Stores und Designläden mit stylischen Restaurants und Kunstinstallationen. Besonders spannend: Im oberen Bereich des Mood-Gebäudes gibt es eine versteckte Rooftop-Terrasse, die öffentlich zugänglich ist und bei schönem Wetter einen idealen Rückzugsort vom Trubel der Einkaufsstraßen bietet. Du erreichst den Eingang über die Jakobsbergsgatan 15, 111 44 Stockholm. Geöffnet ist das Center Montag bis Samstag von 10 bis 20 Uhr, sonntags von 11 bis 18 Uhr (Stand 2025).

Anfahrt: Erreichbar ist die Drottninggatan bequem ab der zentralen U-Bahn-Station T-Centralen. Von dort sind es nur wenige Gehminuten bis zum südlichen Abschnitt der Einkaufsstraße. Wer möchte, kann alternativ mit den Tunnelbana-Linien 17 oder 18 bis zur Station Hötorget fahren und von dort in den mittleren Bereich der Einkaufsstraße einsteigen. Fahrräder können problemlos entlang der Drottninggatan geparkt werden, viele Radwege führen parallel zur Straße.

#12 U-Bahn-Kunst
... unterirdische Galerie mit Farbe und Fantasie

In Stockholm liegt eines der größten Kunstmuseen der Welt verborgen – und zwar unter der Erde. Die Tunnelbana, wie die U-Bahn in Schweden genannt wird, ist nicht nur das Rückgrat des öffentlichen Verkehrs, sondern auch ein beeindruckender Kunstraum, der sich über mehr als 110 Kilometer erstreckt. Rund 90 der über 100 Stationen wurden von über 250 Künstlerinnen und Künstlern gestaltet – von großflächigen Wandmalereien über Skulpturen und Mosaike bis hin zu Lichtinstallationen und architektonischen Eingriffen. Was in den 1950er Jahren begann, hat sich zu einem einzigartigen Projekt entwickelt, das Stockholm weltweit den Ruf eingebracht hat, über das längste Kunstmuseum der Welt zu verfügen.

Die Kunst ist nicht dekoratives Beiwerk, sondern oft tief verwurzelt in gesellschaftlichen und politischen Themen. Besonders eindrucksvoll ist etwa die Station Solna Centrum mit ihrer dramatisch rot leuchtenden Decke, die sich über grüne Wandflächen spannt.

Sehenswürdigkeiten

Die 1975 eröffnete Station greift Themen wie Waldrodung, Landflucht und Umweltpolitik auf – in einer Zeit, in der diese Themen noch nicht im globalen Fokus standen. Die Station Kungsträdgården wiederum bietet einen archäologischen Blick in die Vergangenheit Stockholms: Zwischen zerbrochenen Säulen, verwitterten Skulpturen und historischen Bodenfliesen wird der Untergrund zur Zeitreise durch die Geschichte des königlichen Gartens, der direkt oberhalb der Station liegt.

Ein weiteres Highlight ist die Station Stadion, berühmt für ihren leuchtenden Regenbogen, der sich über eine in Fels gehauene, unregelmäßige Decke spannt. Je nach Tageslicht und einfahrender Bahn verändert sich die Wirkung – das Zusammenspiel von Kunst, Licht und Bewegung erzeugt eine fast magische Atmosphäre. Weniger bekannt, aber nicht weniger eindrucksvoll, ist die Regenbogenrolltreppe an der Station Tekniska högskolan, die in leuchtenden Farben bis zum Ausgang führt. Dort findest du auch Installationen, die wissenschaftliche Konzepte wie Raum-Zeit und physikalische Gesetze visualisieren – passend zur benachbarten Königlichen Technischen Hochschule.

Die zentrale Umsteigestation T-Centralen, durch die alle drei Linien führen, überzeugt mit ihrer kühlen, aber beruhigenden Gestaltung in Blau- und Weißtönen. Die Deckengewölbe sind mit stilisierten floralen Motiven aus den frühen 1950er Jahren verziert, die bewusst eine entspannte Stimmung inmitten der hektischen Pendlerströme erzeugen sollten.

Ein besonders verspieltes Beispiel findest du an der Station Thorildsplan, wo gepixelte Grafiken und Figuren im Stil klassischer Computerspiele wie Super Mario den Alltag der Fahrgäste auflockern. Die Station wurde in ein visuelles Retrospiel verwandelt – ein Spaß für Kinder und Erwachsene gleichermaßen.

Ein Besuch der U-Bahnkunst lässt sich ideal mit dem Sightseeing an der Oberfläche verbinden. So erreichst du über die grüne Linie Gamla Stan, wo du den Stortorget und den Königlichen Palast besuchen kannst. Oder du steigst an der Universitetet aus, um das Naturhistorische Museum oder den Park Frescati zu erkunden. Die U-Bahn fährt täglich rund um die Uhr, wobei die Takte am Wochenende nachts etwas länger sind. Alle Linien – rot, grün und blau – fahren in der Regel im 10-Minutentakt (tagsüber), sodass du bequem zwischen den Stationen wechseln kannst.

Preise: Die Tickets der Stockholmer Verkehrsgesellschaft SL gelten für alle öffentlichen Verkehrsmittel – U-Bahn, Straßenbahn, Bus und Fähre. Ein Einzelfahrschein (gültig 75 Minuten) kostet für Erwachsene 42 SEK, ermäßigt 26 SEK (Stand 2025). Für alle, die mehrere Stationen besichtigen möchten, lohnt sich ein 24-Stunden-Ticket oder eine Mehrtageskarte, die preislich deutlich günstiger ist. Tickets erhältst du an Automaten in den Stationen, in Pressbyrån-Kiosken oder über die SL-App, die auch Fahrpläne und Karten bereithält.

#13 Technische Universität

... ein Schauplatz im Stil von Harry Potter

Im Norden Stockholms, nahe dem Stadtteil Östermalm, befindet sich ein Ort, an dem Forschung, Innovation und architektonische Schönheit aufeinandertreffen: die Königliche Technische Hochschule – auf Schwedisch Kungliga Tekniska högskolan oder kurz KTH. Sie gilt als die bedeutendste technische Universität Skandinaviens und ist gleichzeitig ein Paradebeispiel dafür, wie Tradition und Zukunftsdenken auf einem Campus vereint werden können. Seit ihrer Gründung im Jahr 1827 hat sich die Hochschule zu einem internationalen Wissenschaftszentrum entwickelt, an dem heute über 13.000 Studierende und mehrere tausend Forschende aus aller Welt tätig sind.

Sehenswürdigkeiten

Der zentrale Campus, auch Valhallavägen Campus genannt, wurde 1917 nach den Plänen des Architekten Erik Lallerstedt errichtet. Das Herzstück der Anlage ist der eindrucksvolle Innenhof, der von vier symmetrischen Gebäudeflügeln umgeben ist. Die roten Ziegelsteineinfassaden, die großen Bogenfenster und das klare Raster der Gänge und Türme verleihen der Anlage ein fast märchenhaftes Aussehen. Besonders der mit einem Rundbogen versehene Haupteingang – das sogenannte Borggården – erinnert viele Besucher an Kulissen aus den Harry-Potter-Filmen, auch wenn hier nie gedreht wurde. Der Kontrast zwischen der klassischen Backsteinarchitektur und der Hightech-Forschung, die sich in den Labors abspielt, macht den Campus zu einem faszinierenden Erlebnis für Technikbegeisterte und Architekturfreunde gleichermaßen.

Heute gehört die KTH zur European University Alliance und arbeitet mit Spitzenuniversitäten weltweit zusammen. Forschungsschwerpunkte reichen von nachhaltiger Stadtentwicklung über künstliche Intelligenz bis hin zu Weltraumtechnologien. Die Nähe zum benachbarten Stockholm Science City und dem Technologiepark AlbaNova – einem Zentrum für Physik und Astronomie – verstärkt die internationale Ausrichtung des Standorts.

Adresse: Königliche Technische Hochschule, Drottning Kristinas väg 4, Stockholm

Anfahrt: Die Universität liegt direkt an der U-Bahn-Station Tekniska högskolan (rote Linie), was sie vom Stadtzentrum aus in wenigen Minuten erreichbar macht. Ab T-Centralen brauchst du mit der Linie 14 rund 13 Minuten bis du die Haltestelle Tekniska högskolan erreichst.

DAS SOLLTEST DU WISSEN

Für Besucher bietet sich eine zweistündige geführte Tour über das historische Campusgelände an. Diese Tour findet größtenteils im Freien statt, verläuft über mehrere Ebenen und umfasst einige Treppenabschnitte – festes Schuhwerk ist daher empfehlenswert. Im Verlauf der Führung erfährst du nicht nur mehr über die Geschichte der Universität und ihre Rolle im heutigen Schweden, sondern auch über einzelne Forschungseinrichtungen, die teilweise auch öffentlich zugängliche Vorführungen oder Ausstellungen anbieten. Besonders lohnenswert ist ein Blick in die KTH Bibliothek, ein architektonisch gelungenes Gebäude mit moderner Innenraumgestaltung und offenen Arbeitsbereichen.

Die Teilnahme an einer solchen Führung kostet für Erwachsene 150 SEK, für Studierende und Senioren 110 SEK; Kinder und Jugendliche unter 18 Jahren nehmen kostenlos teil. Die Touren können über die Website des Nobel Prize Museums gebucht werden. Die Adresse des KTH Campus lautet Valhallavägen 79, 114 28 Stockholm. Die Touren werden in der Regel auf Englisch angeboten und finden zu festgelegten Terminen statt. Es wird empfohlen, sich frühzeitig anzumelden, da die Plätze begrenzt sind.

MUSEEN

... von versunkenen Kriegsschiffen bis zu zeitgenössischer Kunst

Stockholms Museumslandschaft ist so facettenreich wie die Stadt selbst. Zwischen historischen Palästen, modernen Glasbauten und versteckten Perlen spiegelt sich die Vielfalt der schwedischen Kultur. Ob weltberühmte Sammlungen oder liebevoll kuratierte Spezialmuseen – kaum eine europäische Hauptstadt vereint Geschichte, Kunst und Innovation so elegant wie Stockholm.

Auf Djurgården, der grünen Museumsinsel, warten Ikonen wie das Vasa-Museum und das ABBA-Museum auf Besucher, während in Gamla Stan das Nobelpreismuseum Einblicke in die größten Errungenschaften der Menschheit bietet. Jedes Museum erzählt seine eigene Geschichte – manchmal spektakulär, manchmal leise, aber immer unvergesslich.

MUSEUM

#14 Nobelmuseum
#15 ABBA - das Museum
#16 Tekniska
#17 Fotografiska
#18 Moderna Museet
#19 Nationalmuseum
#20 Kindermuseum
   Junibacken
#21 Vrak
#22 Paradox Museum
#23 Spielzeugmuseum
   Bergrummet
#24 Wikingermuseum
#25 Nordiska museet
#26 Spritmuseum
#27 Prinz Eugens
   Waldemarsudde
#28 Museum für
   Naturgeschichte
#29 Königliches
   Waffenmuseum
#30 Polizeimuseum

#14 Nobelpreismuseum

… geniale Ideen, große Träume und Geschichten

Im Herzen der Altstadt Gamla Stan, direkt am historischen Stortorget, liegt ein Museum, das sich einem der einflussreichsten Erfinder und Mäzene der Welt widmet: dem schwedischen Industriellen Alfred Nobel. Das Nobelpreismuseum (Nobelmuseet) lädt Besucher ein, nicht nur das bewegte Leben Nobels kennenzulernen, sondern auch in die Geschichten der zahlreichen Preisträgerinnen und Preisträger einzutauchen, die seit 1901 mit dem renommiertesten Preis der Welt ausgezeichnet wurden.

Das Museum befindet sich in einem Gebäude von ganz besonderem historischen Wert: der ehemaligen Börshuset, der Stockholmer Börse aus dem 18. Jahrhundert. Hohe Decken, beeindruckende Säulengänge und elegante Deckengewölbe prägen die Architektur und verleihen dem Besuch eine eindrucksvolle Kulisse. Seit 2001 teilen sich hier das Nobelpreismuseum, die Schwedische Akademie und die Nobelbibliothek die Räumlichkeiten – eine Zusammenarbeit, die auf einzigartige Weise Forschung, Literatur und Kultur miteinander verbindet.

Alfred Nobel (1833–1896), dessen 355 Patente von Sprengstoffen bis zu synthetischen Materialien reichen, verfolgte nach seinem Tod die Idee, sein Vermögen für einen Zweck zu stiften, der der gesamten Menschheit zugutekommt – unabhängig von Nationalität, politischer Gesinnung oder Glaubensrichtung. Die Erträge seines Nachlasses finanzieren bis heute die Nobelpreise in den Kategorien Physik, Chemie, Medizin oder Physiologie, Literatur sowie den Friedensnobelpreis

(Letzterer wird als einziger Preis in Oslo vergeben).

Im Museum selbst erwartet dich eine multimediale und interaktive Ausstellung. Du kannst Originalexponate, Filmdokumentationen und persönliche Gegenstände berühmter Preisträger entdecken. Besonders spannend ist der Blick auf bahnbrechende Entdeckungen und deren gesellschaftliche Auswirkungen – etwa wie Alexander Flemings Entdeckung des Penicillins die Medizin revolutionierte oder warum Marie Curies Arbeiten zur Radioaktivität sie letztlich das Leben kosteten. Dank der Audioguides, die auf Schwedisch, Englisch, Deutsch, Französisch, Spanisch und Japanisch verfügbar sind, kannst du den Rundgang individuell vertiefen. Kostenlose Führungen auf Schwedisch und Englisch sind im Eintritt inbegriffen und finden mehrmals täglich statt.

Das Museum legt auch großen Wert auf Familienfreundlichkeit. An speziellen Mitmachstationen können Kinder experimentieren und an Workshops teilnehmen, die spielerisch die Themen Wissenschaft, Frieden und Literatur vermitteln. So wird auch den jüngsten Besuchern verständlich gemacht, welche Bedeutung die Ideen und Errungenschaften der Nobelpreisträger für unseren Alltag haben.

Nach dem Museumsbesuch lohnt sich ein Abstecher in das kleine, charmante Bistro Nobel, das sich direkt im Gebäude befindet. Das Café folgt dem Konzept der offenen Gespräche – inspiriert von der Wiener und Pariser Kaffeekultur –, bei dem Begegnung und Austausch ausdrücklich erwünscht sind. Besonders beliebt ist das Probieren der typischen Nobel-Eisspezialität, die auch beim offiziellen Nobelbankett serviert wird. Vergiss nicht, unter den Stühlen nach kleinen Überraschungen zu suchen: Einige tragen Zitate und Gedanken berühmter Persönlichkeiten, die Besucher immer wieder zum Schmunzeln oder Nachdenken bringen.

Im Museumsshop findest du ausgewählte Bücher, Geschenkartikel rund um Nobel und die Preisträger sowie die bekannte Alfred-Nobel-Schokoladenmedaille – ein beliebtes Souvenir, das an die echte Nobelpreis-Medaille erinnert.

Adresse: Nobelpreismuseum, Stortorget 2, 103 16 Stockholm; Öffnungszeiten: dienstags bis donnerstags von 11 bis 17 Uhr, freitags von 11 bis 21 Uhr, samstags und sonntags von 10 bis 18 Uhr

Anfahrt: Mit der U-Bahn kommend, steigst du in Gamla Stan aus. Wenn du einen der vielen Busse nimmst, ist die Haltestelle Slottsbacken oder Riddarhustorget eine gute Wahl. Von dort brauchst du nur wenige Gehminuten, bis du auf dem Platz Stortorget vor dem Museum das Rikstelefon siehst.

Preise: Erwachsene kosten in der Regel 150 SEK, Senioren und Studenten bezahlen 110 SEK und Kinder bis 18 Jahre sind kostenlos (Stand: 2025). Mit dem Stockholm Go City Pass bezahlst du keinen Eintritt.

City Go Pass Stockholm

#15 ABBA das Museum

... Glitzer, Glamour und die zeitlose Magie eines Welterfolgs

In Stockholm gibt es für ABBA-Fans einen Ort, der dem weltweiten Phänomen der Band mehr als gerecht wird: das ABBA The Museum auf der Insel Djurgården. Hier dreht sich alles um die faszinierende Karriere der vier schwedischen Musiker Agnetha Fältskog, Benny Andersson, Björn Ulvaeus und Anni-Frid Lyngstad, die mit ihrem Sieg beim Eurovision Song Contest 1974 und dem Hit Waterloo über Nacht internationale Berühmtheit erlangten.

Eröffnet im Mai 2013, ist das Museum bewusst nicht als klassisches Museum konzipiert, sondern als eine interaktive Erlebniswelt, die Besucher aktiv in die Welt der 1970er und frühen 1980er Jahre eintauchen lässt. Schon beim Eintritt spürst du die glitzernde Energie der Disco-Ära: farbenfrohe Bühnenkostüme, Platin-Schallplatten, Original-Instrumente und detailgetreu nachgebaute Studioszenen vermitteln ein authentisches Bild von ABBAs Schaffenszeit. Besonders charmant ist die Rekonstruktion des Sommerhauses auf der Schäreninsel Viggsö, wo viele ihrer größten Hits entstanden – mitsamt der originalen Einrichtung und Musikskizzen an den Wänden.

Ausgestattet mit einem Audioguide in mehreren Sprachen – darunter Schwedisch, Englisch und Deutsch – kannst du auf deinem Rundgang nicht nur Geschichten aus erster Hand hören, sondern auch an interaktiven Stationen selbst aktiv werden. Besucher haben die Möglichkeit, auf einer virtuellen Bühne gemeinsam mit den Hologrammen der Band zu tanzen, Karaoke zu singen oder in einem Quiz ihr Wissen über die Bandgeschichte unter Beweis zu stellen. Über deine auf dem Ticket aufgedruckte ID-Nummer kannst du alle deine Erlebnisse speichern und später online abrufen – eine schöne Erinnerung an den Besuch.

Der Audioguide erzählt zudem, wie sich die musikalischen Wege der beiden Paare kreuzten, welche Höhen und Tiefen die Bandkarriere prägten und wie sie trotz ihrer Auflösung 1982 zu einem festen Bestandteil der Popkultur blieben. Du erfährst Details über das legendäre Album Arrival, über den Film Mamma Mia! und die spätere Re-Union der Band im Rahmen von ABBA Voyage.

Für einen entspannten Besuch solltest du mindestens zwei Stunden einplanen. Besonders in den Sommermonaten oder am Wochenende kann es an den Mitmachstationen zu Wartezeiten kommen. Es empfiehlt sich daher, Tickets im Voraus online über die offizielle Website (abbathemuseum.com) zu buchen.

Wer nach dem Besuch noch ein Stück schwedische Lebensart genießen möchte, findet nur etwa 400 Meter entfernt das Skroten Café & Skeppshandel (Beckholmsvägen 14, 115 21 Stockholm). In dem kleinen, maritimen Café direkt am Hafen werden frisch zubereitete Gerichte serviert – mit Schwerpunkt auf Fisch und Meeresfrüchten. Die entspannte Atmosphäre und die liebevoll zusammengewürfelte Einrichtung machen es zu einem idealen Ort, um den Museumsbesuch bei einer traditionellen Fischsuppe oder einem schwedischen Fika ausklingen zu lassen.

DAS SOLLTEST DU WISSEN

Im ABBA The Museum kannst du nicht nur klassische Ausstellungsstücke wie Bühnenkostüme und Goldene Schallplatten bestaunen, sondern dich auch selbst in Szene setzen: In einem interaktiven Bereich hast du die Möglichkeit, als fünftes Bandmitglied mit holografischen Abbildern von Agnetha, Björn, Benny und Anni-Frid auf einer virtuellen Bühne zu tanzen. Dein Auftritt wird aufgenommen und kann später online abgerufen werden – ideal als persönliches Erinnerungsstück.

Adresse: ABBA - the Museum, Djurgårdsvägen 68, 115 21 Stockholm; Öffnungszeiten: täglich von 10 bis 18 Uhr

Anfahrt: Mit der Straßenbahnlinie 7 bist du vom Hauptbahnhof in rund 18 Minuten vor Ort. Mit dem Fahrrad brauchst du gerade einmal zwölf Minuten.

Preise: Erwachsene zahlen zwischen 239 und 299 SEK, Kinder zwischen sieben und 15 Jahren 100 bis 120 SEK und Senioren und Studenten zwischen 200 und 260 SEK (Stand: 2025). Die konkreten Preise hängen vom Tag und Monat ab. Kinder unter sieben Jahren sind kostenlos. Als Familie gibt es einen Rabatt, wobei du für vier Personen zwischen 499 und 699 SEK zahlst.

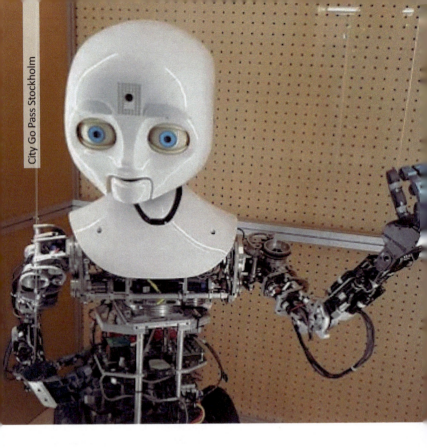

#16 Tekniska

... Nationales Museum für Wissenschaft und Technologie

Die Schweden lieben neue technische Entwicklungen. Dieser Umstand wird dir bewusst, wenn du das Nationale Museum für Wissenschaft in Stockholm besuchst. Das Tekniska befindet sich etwas außerhalb des Stadtzentrums im informellen Stadtgebiet Djurgårdsbrunn, wo es einen schönen Kurpark mit Pavillon am alten Gasthaus gibt.

Umgeben von der grünen Natur, ist das Technikmuseum ein echter Kontrast. Bereits vor dem Eingang empfängt dich eine Hubschrauberskulputur in einigen Metern Höhe. Im Inneren des Museums warten moderne Technologien zum Anfassen und Mitmachen auf dich! Eine Kletterwand, experimentelle Spiele und das Entwickeln eigener Skulpturen sind gute Beispie-

Museen

le. Besonders Kinder haben in dem Museum, das sich mit Mathematik, KI und modernem Gaming befasst, viel Freude.

Seit 1923 besteht das Tekniska museet, das 1936 für die Öffentlichkeit zugänglich gemacht wurde und das seit 1948 eine Stiftung ist. Heute handelt es sich um die größte Ausstellungsfläche Schwedens von Dingen aus der Technik und den Naturwissenschaften. Über 55.000 Exponate schaust du dir auf einer Fläche von rund einem Hektar an. Die große Maschinenhalle ist der zentrale Ort des Museums, wo sich Flug- und Fahrzeuge aller Art, aber auch Dampfmaschinen befinden. Zudem macht das Tekniska auf schwedische Persönlichkeiten aufmerksam. Erfahre mehr über den schwedischen Erfinder Christopher Polhem (1661-1751), der als Vater der schwedischen Wissenschaft gilt. Einige seiner Werke sind in dem Museum ausgestellt. Des Weiteren betrittst du die Original-Einrichtung des Vorstandszimmers vom Medienmogul Lars Magnus Ericsson (1846-1926), dessen Firma Ericsson maßgeblich für die Entwicklung von Bluetooth verantwortlich ist.

Neben dem Rundgang, für den du etwa ein bis zwei Stunden brauchst, gibt es den Wisdome mit einer 3D-Vorstellung über unsere Galaxien. Die sphärenartige Kuppel befindet sich gleich nebenan und bietet dir eine 360-Grad-Vorstellung mit modernsten Laserprojektionen.

Nach deinem Besuch im Technikmuseum ist ein Spaziergang an der frischen Luft genau das Richtige. Nicht weit entfernt befinden sich ein schöner Spielplatz, zahlreiche Grill- und Picknickplätze sowie ein Disco-Golf-Parcours. Ein Weg vom Museum durch den Kurpark führt dich in rund elf Minuten dorthin.

DAS SOLLTEST DU WISSEN
In einer speziellen Station steuerst du ein digitales Bild nur mit der Kraft deiner Gehirnströme. Sensoren messen deine Konzentration und übersetzen sie in Farben und Formen auf einer großen Leinwand – ein Erlebnis, das besonders bei Kindern und technikbegeisterten Erwachsenen gut ankommt.

Adresse: Tekniska museet, Museivägen 7, 115 27 Stockholm; Öffnungszeiten: täglich von 9 bis 21 Uhr

Anfahrt: Mit der Buslinie 69 brauchst du ab T-Centralen rund 19 Minuten. Die Haltestelle vor Ort heißt Museiparken. Mit dem Auto brauchst du dieselbe Zeit und mit dem Fahrrad sind es nur 13 Minuten.

Preise: Pro Person bezahlst du 170 SEK, Kinder bis sieben Jahre sind kostenlos und mit dem Stockholm Go City Pass hast du einmalig freien Eintritt. Der Eintritt in den Wisdome mit dem Planetarium ist nicht im regulären Ticket inbegriffen! Die zusätzlichen Ticketgebühren belaufen sich auf 110 SEK pro Person.

Museen: Kunst, Geschichte und moderne Meisterwerke

City Go Pass Stockholm

#17 Fotografiska museet

... Stockholms großartiges Fotografiemuseum

Kaum ein Ort in Stockholm verbindet Technik, Kreativität und emotionale Ausdruckskraft so überzeugend wie das Fotografiska. Direkt an der Stadtküste im Stadtteil Södermalm gelegen, ist das Fotografiemuseum eine feste Größe in der schwedischen Kulturszene und zählt seit seiner Eröffnung im Jahr 2010 zu den beliebtesten Sehenswürdigkeiten der Stadt. Untergebracht in einer ehemaligen Zoll- und Lagerhalle aus dem frühen 20. Jahrhundert, die unter Denkmalschutz steht, vereint Fotografiska historische Industriekultur mit zeitgenössischer Kunst auf beeindruckende Weise. Besonders bei Sonnenuntergang, wenn sich die letzten Strahlen im Wasser des Saltsjön spiegeln und die Backsteinfassade des Gebäudes in warmes Licht taucht, ist der Anblick ein beliebtes Fotomotiv für Einheimische und Besucher gleichermaßen.

Ursprünglich war das massive Hafengebäude als Standort für das ABBA-Museum vorgesehen, bevor sich die Betreiber für die Insel Djurgården entschieden. Diese Entscheidung gab Fotografiska die Möglichkeit, das Areal umfassend neu zu gestalten. Der Eingang wurde modernisiert, Terrassen und Außentreppen installiert und das Gebäude so zu einem offenen Kulturraum transformiert, der sowohl tagsüber als auch abends stark frequentiert ist.

Mit wechselnden Ausstellungen international renommierter Fotografen – darunter Größen wie Annie Leibovitz, Sally Mann, David LaChapelle, Nick

Brandt oder Helmut Newton – setzt das Museum konsequent auf Vielfalt und Aktualität. Jährlich werden etwa 25 bis 30 neue Ausstellungen präsentiert, die von klassischer Porträtkunst über sozialkritische Dokumentarfotografie bis hin zu experimentellen, multimedialen Installationen reichen. Diese dynamische Ausstellungspolitik sorgt dafür, dass jeder Besuch neue Perspektiven eröffnet und keine zwei Besuche gleich sind.

Ein besonderes Merkmal von Fotografiska ist der kuratorische Ansatz: Statt auf eine permanente Sammlung zu setzen, konzentriert sich das Museum auf aktuelle Themen und Stimmungen. Viele Ausstellungen sind gesellschaftlich relevant und greifen Fragen zu Umwelt, Identität, Technologie oder sozialen Konflikten auf – immer mit der visuellen Kraft der Fotografie als Ausdrucksmittel. So wird Fotografiska nicht nur als Galerie wahrgenommen, sondern auch als Plattform für Diskurs und Innovation.

Auch kulinarisch setzt Fotografiska Maßstäbe: Im obersten Stockwerk befindet sich ein mehrfach ausgezeichnetes Restaurant, das ausschließlich auf nachhaltige und pflanzenbasierte Küche setzt. Mit spektakulärem Panoramablick auf die Uferlinie von Djurgården und Skeppsholmen lässt sich hier ein Besuch perfekt abrunden. Besonders beliebt ist der Brunch am Wochenende – eine frühzeitige Reservierung wird empfohlen.

Ein Tipp: Vom gemütlichen Bistro, das im Museum integriert ist, hast du freie Sicht auf Djurgården und Gröna Lund. Nimm Platz an einem der hohen Fenster und beobachte, wie die Achterbahnen im Freizeitpark auf der gegenüberliegenden Uferseite in die Höhe schießen. Genieße klassische Gerichte der schwedischen Küche zu günstigen Preisen.

Adresse: Fotografiska, Stadsgårdshamnen 22, 116 45 Stockholm; Öffnungszeiten: Das Museum hat täglich von 10 bis 23 Uhr seine Pforten für dich geöffnet. Im Bistro orderst du deine Speisen und Getränke täglich von 11 bis 21 Uhr und das preisgekrönte Restaurant hat dienstags bis samstags von 18 bis 23 Uhr geöffnet.

Anfahrt: Mit dem Auto bist du in acht Minuten vom Hauptbahnhof angekommen. Die Straßenbahnlinien 13, 14, 17 und 18 bringen dich in rund zwei Minuten ab T-Centralen bis zur Haltestelle Gamla Stan. Von dort sind es noch etwa 17 Minuten zu Fuß, wenn du den Stadsgårdshamnen in Södermalm entlangläufst. Mit dem Fahrrad brauchst du für die Strecke nur elf Minuten. Unweit vom Museumseingang gibt es einen Fahrradparkplatz.

Preise: Werktags kostet dich das Ticket 200 SEK und an den anderen Tagen bezahlst du 230 SEK (Stand: 2025). Studierende und Senioren ab 65 Jahren zahlen werktags 160 SEK und an den anderen Tagen 190 SEK. Online gekaufte Tickets sind mit einem Rabatt von bis zu 20 Prozent günstiger! Der Stockholm Go City Pass ermöglicht dir einen freien Eintritt ins Museum. Zudem erhältst du mit dem Pass satte Rabatte an der Kasse des Museumsshops.

City Go Pass Stockholm

#18 Moderna Museet

... Museum für moderne Kunst

Wer in Stockholm moderne und zeitgenössische Kunst erleben möchte, kommt am Moderna Museet nicht vorbei. Das Museum liegt auf der Stadtinsel Skeppsholmen, nur wenige Gehminuten von der Altstadt Gamla Stan entfernt, und zählt zu den renommiertesten Kunstinstitutionen Europas. Seit seiner Eröffnung im Jahr 1958 präsentiert das Moderna Museet wegweisende Werke der Moderne und setzt regelmäßig neue Impulse in der internationalen Kunstszene. Bereits das Gebäude selbst, entworfen vom spanischen Architekten Rafael Moneo, strahlt mit seiner klaren, modernen Architektur eine schlichte Eleganz aus, die perfekt zur Ausrichtung des Hauses passt.

Die Sammlung umfasst Werke von einigen der bedeutendsten Künstler des

20. und 21. Jahrhunderts – darunter Pablo Picasso, Henri Matisse, Marcel Duchamp, Niki de Saint Phalle, Andy Warhol und Louise Bourgeois. Im Bereich der Fotografie finden sich bedeutende Arbeiten von Ikonen wie Cindy Sherman und Nan Goldin. Darüber hinaus beherbergt das Museum eine beeindruckende Sammlung an Zeichnungen, Skulpturen und Installationen, die verschiedene Kunstrichtungen wie Surrealismus, Pop-Art, Minimalismus oder Performancekunst umfassen.

Besonders reizvoll ist die wechselnde Ausstellungspolitik: Mehrmals im Jahr präsentiert das Museum neue Ausstellungen – mal Einzelausstellungen internationaler Größen, mal thematische Gruppenschauen, die aktuelle gesellschaftliche oder politische Themen aufgreifen. So bleibt das Moderna Museet ständig in Bewegung und bietet auch Wiederkehrern immer wieder neue Entdeckungen.

Ein Highlight ist auch der großzügige Skulpturengarten vor dem Museum, in dem unter anderem Werke von Alexander Calder und Jean Tinguely ausgestellt sind. Der Garten ist frei zugänglich und bietet bei schönem Wetter einen angenehmen Ort für eine Pause – mit Blick auf die Uferpromenade und die gegenüberliegende Altstadt.

Das familienfreundliche Konzept des Museums ist vorbildlich: Neben Parkplätzen für Kinderwagen und Wickelstationen gibt es spezielle Angebote für Familien, darunter kreative Workshops für Kinder und Führungen, die kindgerecht aufbereitet sind. So wird moderne Kunst auch für die jüngsten Besucher erlebbar gemacht.

Im Museumsshop erwartet dich eine breite Auswahl an hochwertigen Kunstbüchern, Postern, Designartikeln und Repliken – ideal für alle, die ein besonderes Souvenir suchen. Die Preise sind fair gestaltet, sodass sich auch kleinere Mitbringsel für Kunstliebhaber finden lassen.

DAS SOLLTEST DU WISSEN

Vor allem Familien mit Kindern sind von den wechselnden Ausstellungen begeistert. An ausgewählten Sonntagen im Monat finden Familiensonntage statt, die auf die Bedürfnisse von Jung und Alt zugeschnitten sind. Erfahrene Kunstpädagogen machen auf spielerische Art den Kleinen und Großen das Museum schmackhaft. Die Kinder dürfen eigene Werke erstellen und sich einmal wie Pablo Picasso oder John Baldessari fühlen.

Adresse: Moderna museet, Exercisplan 4, 111 49 Stockholm; Öffnungszeiten: dienstags bis sonntags von 10 bis 18 Uhr, dienstags und freitags sogar bis 20 Uhr geöffnet

Anfahrt: Die Buslinie 65 bringt dich ab T-Centralen in rund 13 Minuten zur Haltestelle Skeppsholmen auf der gleichnamigen Stadtinsel. Zu Fuß sind es nur noch wenige Meter bis zum Museum. Von Slussen aus nimmst du die beliebte Djurgården-Fähre, die dich in wenigen Minuten zur Insel führt.

Preise: Der Normalpreis beträgt 150 SEK und der ermäßigte Eintritt kostet dich 120 SEK.

Museen: Kunst, Geschichte und moderne Meisterwerke

City Go Pass Stockholm

#19 Nationalmuseum

... Meisterwerke, Mythen und die Schätze schwedischer Kunstgeschichte

Das Nationalmuseum in Stockholm ist das größte Kunstmuseum in Schweden. Es befindet sich am Ufer des Stadtteils Norrmalm und ist nicht weit von Gamla Stan anzutreffen.

Seit der Eröffnung im Jahr 1866 beeindruckt das Kunst- und Designmuseum mit verschiedenen Skulpturen, Gemälden und Wandbildern aus dem Mittelalter bis ins 20. Jahrhundert hinein.

Zur Sammlung des Museums zählen 700.000 Werke bekannter Künstler. Zu den bekannten Künstlern zählen Gauguin, Rembrandt oder Renoir. 5.000 Exponate sind - anhand eines chronologischen Zeitstrahls - gut sichtbar ausgestellt. So bekommst du eine zeitliche Einordnung und du lernst mehr über die schwedische Geschichte.

Museen

Die große Treppenhalle mit dem Wandgemälde Gustav Wasas Einzug (1523) von Carl Larsson (1853-1919) bringt die Besucher ins Staunen. Das Werk wurde erst 1908 fertiggestellt und ist umgeben von Skulpturen, die unter einzelnen Säulengängen an den Seiten stehen. Weitere Skulpturen findest du im Skulpturengarten neben dem Geschenkladen. Der grüne Garten lädt mit seinen Steinbänken zum Verweilen ein.

Das Nationalmuseum wurde über fünf Jahre lang aufwendig restauriert und im Jahr 2018 feierlich wiedereröffnet. Moderne Klimaanlagen bringen nicht nur dir frische Luft, sondern sorgen auch für den Erhalt der Werke. Mit den Renovierungsarbeiten kamen 2.000 Quadratmeter Fläche mit einem Raum eigens für Kinder hinzu.

Verschiedene Führungen, darunter auch familienfreundliche, bietet das Museum mehrmals täglich an.

Deine Eintrittskarte ist sowohl für die Dauer- als auch für die Sonderausstellungen gültig. Mehrmals im Jahr gibt es besondere Ausstellungen, die sich mit der schwedischen Geschichte auseinandersetzen.

In der letzten Stunde vor Schließung des Museums bezahlst du nur die Hälfte. Wenn du also einen kurzen Blick ins Museum werfen oder deine Erinnerung an einen alten Museumsbesuch auffrischen möchtest, ist das Angebot eine gute Idee. Es lohnt sich ebenfalls, wenn du zuvor einen Spaziergang im angrenzenden Kungsträdgården gemacht oder das Moderna museet auf der gegenüberliegenden Insel besucht hast. An jedem Donnerstag von 17 bis 20 Uhr haben alle Besucher freien Eintritt ins Nationalmuseum. Auf diese Weise nutzt du deinen Tag in Stockholm perfekt und du entdeckst - auf günstige Art- Schwedens Hauptstadt.

DAS SOLLTEST DU WISSEN

Jede Saaldecke wurde während der Restaurierung individuell restauriert und zeigt aufwändige Muster, Blattgoldverzierungen oder historische Malereien, die thematisch auf die ausgestellten Werke abgestimmt sind. Besonders eindrucksvoll ist die Decke des großen Renaissance-Saals im ersten Obergeschoss, deren aufwändiges Kassettenmuster ein eigenes kleines Kunstwerk darstellt. Wer aufmerksam nach oben blickt, entdeckt zahlreiche symbolische Elemente, die sich auf die Themen der jeweiligen Epoche beziehen.

Adresse: Nationalmuseum, Södra Blasieholmshamnen 2, 111 48 Stockholm; Öffnungszeiten: täglich von 11 bis 17 Uhr, donnerstags sogar bis 20 Uhr geöffnet

Anfahrt: Das Nationalmuseum erreichst du von T-Centralen aus mit den Straßenbahnlinien 10 und 11 in rund 14 Minuten. Mit der Buslinie 69 fährst du vom Hauptbahnhof bis zu Nybroplan. Von den Haltestellen sind es nur wenige Minuten zu Fuß. Mit dem Fahrrad brauchst du nur sechs Minuten.

Preise: Der Eintritt ins Museum kostet für Erwachsene 160 SEK. Personen unter 20 Jahren haben freien Eintritt (Stand: 2025).

Museen: Kunst, Geschichte und moderne Meisterwerke

City Go Pass Stockholm

#20 Kindermuseum Junibacken

... Reisen durch Astrid Lindgrens Geschichtenwelt

Auf der Insel Djurgården, umgeben von Wasser und Parkanlagen, befindet sich ein Ort, der die Fantasie kleiner und großer Besucher gleichermaßen beflügelt: das Kindermuseum Junibacken. Benannt nach Astrid Lindgrens erfundener Idylle – der „Junibacken", in der ihre Figuren leben – ist dieses Erlebnismuseum ein liebevoll gestalteter Zugang zu Schwedens reichhaltiger Kinderliteratur. Seit seiner Eröffnung im Jahr 1996 hat sich Junibacken zu einem der beliebtesten Familienziele Stockholms entwickelt.

Das Museum ist eine Hommage an die Geschichtenwelt berühmter skandinavischer Kinderbuchautoren – allen voran natürlich Astrid Lindgren (1907–2002), deren Figuren wie Pippi Langstrumpf und Michel aus Lönneberga (im schwedischen Original: Emil i Lönneberga) hier besonders lebendig werden. Aber auch Charaktere anderer Autoren, wie die verträumten Mumins von Tove Jansson, der neugierige Alfons Åberg von Gunilla Bergström oder das schrullige Duo Pettersson und Findus von Sven Nordqvist, haben ihren Platz gefunden.

57 unvergleichliche Erlebnisse

Museen

Ein absolutes Highlight ist die Märchenbahn Sagotåget. In kleinen, offenen Waggons wirst du auf einer gemächlichen Fahrt durch kunstvoll gestaltete Szenenlandschaften geführt, die die wichtigsten Geschichten Astrid Lindgrens in beeindruckenden Bildern erzählen. Die Fahrt ist so gestaltet, dass sie auch für kleinere Kinder verständlich und spannend bleibt – ohne zu überfordern oder zu erschrecken. Besonders detailreich umgesetzt sind Szenen aus Klassikern wie Ronja Räubertochter, Karlsson vom Dach und natürlich Pippi Langstrumpf, die im Jahr 2025 ihren 80. Geburtstag feiert – ein Ereignis, das in Junibacken mit Sonderaktionen und speziellen Programmpunkten gewürdigt wird.

Mehrmals täglich finden im Märchentheater Aufführungen statt, die von professionellen Darstellern in aufwendigen Kostümen gespielt werden. Auch wenn die Vorstellungen auf Schwedisch gehalten sind, ist die Handlung dank klarer Gestik, Mimik und liebevoller Inszenierung problemlos zu verstehen – selbst für internationale Gäste. Darüber hinaus laden großzügige Spielbereiche, Kletterlandschaften und Nachbauten von Häusern und Gärten aus bekannten Geschichten zum Entdecken und Toben ein.

Nach dem Abenteuer bietet das Restaurant und Café eine angenehme Pause. Die Speisekarte ist auf Kinder abgestimmt und reicht von klassischen schwedischen Gerichten bis hin zu Süßspeisen wie Eis, Waffeln und natürlich der obligatorischen Kanelbulle – der traditionellen Zimtschnecke. Besonders beliebt sind die Fensterplätze mit Blick auf die Bucht Nybroviken und die elegante Promenade Strandvägen.

Im Buchladen, der an das Museum angeschlossen ist, findest du eine große Auswahl an Kinderbüchern in verschiedenen Sprachen, Plüschfiguren, Poster und andere Souvenirs rund um die beliebten Charaktere – perfekt, um ein Stück Schweden mit nach Hause zu nehmen.

DAS SOLLTEST DU WISSEN

Im Eingangsbereich von Junibacken findest du eine lebensgroße Nachbildung von Astrid Lindgrens Schreibtisch, an dem sie viele ihrer weltberühmten Geschichten verfasste. Der Arbeitsplatz wurde detailgetreu nachgebaut – inklusive ihrer Originalschreibmaschine, auf der sie unter anderem „Pippi Langstrumpf" tippte. Kleine Tafeln geben Hintergrundinfos zu ihrem Alltag als Autorin, ihrem Arbeitsrhythmus und den persönlichen Ritualen, die sie beim Schreiben pflegte.

Adresse: Junibacken, Galärvarvsvägen 8, 115 21 Stockholm; Öffnungszeiten: täglich von 10 bis 17 Uhr

Anfahrt: Nimm die U-Bahnbahn-Linie 7 oder den Bus 69 ab T-Centralen für etwa 17 Minuten. Die Haltestellen Nodriska museet/Vasamuseet und Djurgårdsborn sind nur wenigen Gehminuten von Junibacken entfernt.

Preise: Die Tagestickets kosten je nach Tag und Monat zwischen 165 und 230 SEK pro Person. Kinder unter zwei Jahren sind kostenfrei und bis 15 Jahren kosten Kinder 195 SEK (Stand: 2025).

Museen: Kunst, Geschichte und moderne Meisterwerke

#21 Vrak
... Geheimnisse aus der Tiefe der Ostsee

Das Vrak – Museum of Wrecks in Stockholm bietet einen einzigartigen Zugang zur Geschichte der Schiffswracks in der Ostsee und verbindet modernste Technik mit wissenschaftlicher Forschung. Es liegt am Djurgårdsstrand 17, am Rand der Museumsinsel Djurgården, und wurde am 23. September 2021 eröffnet. Betreiber des Museums ist die Stiftung Schwedisches Nationales Schifffahrts- und Transportmuseum (SMTM), zu der auch das Vasa-Museum gehört.

Das Konzept von Vrak beruht darauf, die Geschichte der mehr als 17.000 bekannten Wracks in der Ostsee lebendig zu machen, ohne dabei tatsächliche Wrackteile aus dem Wasser zu bergen. Stattdessen nutzt das Museum hochauflösende Unterwasserfotografie, 3D-Scans und digitale Projektionen, um die Welt unter Wasser detailgetreu abzubilden. Der Verzicht auf physische Objekte ist bewusst gewählt, da viele Wracks im sauerstoffarmen, kalten Wasser der Ostsee außergewöhnlich gut erhalten sind und man ihren Zerfall nicht durch Bergung beschleunigen möchte.

Eines der Hauptthemen im Museum ist die Geschichte des 1660 gesunkenen Schiffs Resande Man, einem bedeutenden schwedischen Schiff, das auf dem Weg von Stockholm nach Polen unterging. In der Ausstellung „Resande Man" sitzen Besucher in einer großen, abgedunkelten Halle auf mittig platzierten Stühlen, während rundherum Projektionen und Soundeffekte das Sinken und die Entdeckung des Wracks simulieren. Akustische Gestaltungselemente wie Unterwassergeräusche, Herzschläge und Taucherkommunikation verstärken die Immersion.

Vrak legt besonderen Wert auf aktuelle Forschung: Im September 2021 wurde die Entdeckung des Schwesterschiffs der berühmten Vasa, der Äpplet, verkündet. Das Schiff wurde 1629 vom Stapel gelassen und 1659 absichtlich versenkt. Der Fundort liegt südlich von Vaxholm im Stockholmer Schärengarten. Archäologische Tauchteams des Maritime Archaeology Research Institute der Södertörn-Universität waren an den Untersuchungen beteiligt.

Das Museum informiert auch über die Bedeutung der Ostsee als eine Art „Gedächtnis des Meeres", denn anders als in wärmeren Gewässern werden Schiffswracks hier von der holzzerstörenden Schiffsbohrmuschel (Teredo navalis) verschont, die in der Ostsee nicht überlebt. Deshalb sind viele Holzschiffe noch in einem erstaunlich guten Zustand erhalten.

Zusätzlich behandelt Vrak die Verbindung von Schifffahrt, Kultur und Mythologie: Die Ausstellung schlägt einen Bogen von den Wikingerschiffen über den mittelalterlichen Handel bis hin zu modernen Unglücken. Themen wie der Glaube an Walhalla als Paradies der gefallenen Krieger werden anschaulich erläutert und durch historische Quellen ergänzt.

Für Besucher gibt es eine kostenlose App, die als Audioguide dient und auf Englisch sowie Schwedisch verfügbar ist. Das Museum ist barrierefrei zugänglich und richtet sich ausdrücklich auch an Familien: Interaktive Stationen wie virtuelle Wrackuntersuchungen, 3D-Modelle und Tauchanimationen machen den Besuch für Kinder und Jugendliche spannend.

Adresse: Vrak - Museum of Wrecks, Djurgårdsstrand 17, 115 21 Stockholm; Öffnungszeiten: täglich von 10 bis 17 Uhr, mittwochs von 10 bis 20 Uhr

Anfahrt: Das Vrak-Museum befindet sich ganz in der Nähe von Gröna Lund und des Vasa-Museums. Um dorthin zu gelangen, nimmst du am besten ab T-Centralen die U-Bahn-Linie 7 bis zur Haltestelle Waldemarsudde. Die Fahrt dauert etwa neun Minuten und du läufst noch weitere 300 Meter bis zum Museum.

Preise: Erwachsene ab 18 Jahren bezahlen 185 SEK (Stand: 2025). Ein Kombiticket mit dem Vasa-Museum spart einiges an Geld ein. Beide Museen lassen sich gut an einem Tag kombinieren und passen thematisch sehr gut zueinander. Mit dem Stockholm Go City Pass kommst du einmalig umsonst ins Vrak-Museum.

City Go Pass Stockholm

#22 Paradox Museum
... Illusionen, Rätsel und verblüffende Perspektivwechsel

Nichts ist so, wie es scheint – das wird im Paradox Museum in Stockholm vom ersten Moment an spürbar. Hier tauchst du in eine Welt ein, in der Perspektive, Schwerkraft und Größenverhältnisse ihren gewohnten Rahmen verlassen. Gegründet wurde das Museum 2020 von Janne Broman, der zuvor am Aufbau des Fotografiska Museums mitgewirkt hatte. Seitdem gehört es zu den originellsten Erlebnissen der Stadt, besonders beliebt bei Familien, Schulklassen und allen, die sich für Wahrnehmungsphänomene interessieren.

Über 70 interaktive Stationen laden dazu ein, die eigene Sichtweise zu hinterfragen. Im Paradoxtunnel, einer sich drehenden Röhre, verlierst du das Gefühl für Gleichgewicht – obwohl du fest auf dem Boden stehst. Lachen und Staunen sind garantiert, wenn der Boden plötzlich zu kippen

Museen

scheint. Genauso faszinierend ist der Ames-Raum, dessen gezielt verzerrte Bauweise dafür sorgt, dass Personen auf derselben Fläche entweder riesig oder winzig wirken, je nachdem, von welchem Punkt aus du sie betrachtest.

Kunstvoll gestaltete Räume wie das Upside-down-Zimmer, in dem du scheinbar kopfüber an der Decke läufst, oder die farbenfrohen Kaleidoskop-Installationen, in denen du dich selbst in tausendfacher Spiegelung erblickst, gehören zu den meistfotografierten Highlights. An vielen Stationen helfen dir freundliche Mitarbeitende, die besten Fotos aus den ungewöhnlichsten Perspektiven zu schießen. Wer sich noch unsichtbarer fühlen möchte, sollte den Tarnraum ausprobieren, in dem du durch raffinierte Muster und Farben nahezu mit der Umgebung verschmilzt.

Neben dem Spaß vermittelt das Museum spielerisch spannende Einblicke in die Welt der Wahrnehmungspsychologie: Warum nehmen wir Größenunterschiede falsch wahr? Wie trickst das Gehirn bei bewegten Bildern? Diese und andere Fragen werden auf verständliche Weise anhand der Exponate erklärt.

Für den Rundgang solltest du mindestens 90 Minuten einplanen – mehr Zeit schadet nicht, wenn du die zahlreichen Fotomöglichkeiten in aller Ruhe ausprobieren möchtest.

Adresse: Paradox Museum, Sergels Torg 20, 111 57 Stockholm; Öffnungszeiten: Montag bis Donnerstag von 10:00 bis 19:00 Uhr, Freitag und Samstag von 10:00 bis 21:00 Uhr sowie Sonntag von 10:00 bis 19:00 Uhr. Der letzte Einlass erfolgt jeweils 60 Minuten vor Schließung.

Anfahrt: Der Knotenpunkt T-Centralen liegt nur wenige Minuten entfernt vom Museum. Die Anreise ist daher unkompliziert, ob zu Fuß, mit der U-Bahn oder dem Bus.

Preise: Kinder bezahlen ab 195 SEK und Erwachsene kosten 249 SEK (Stand: 2025).

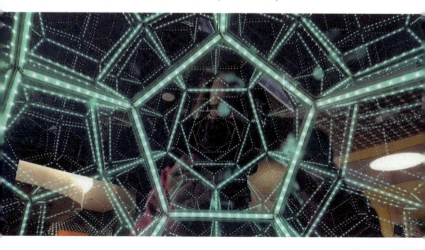

Museen: Kunst, Geschichte und moderne Meisterwerke

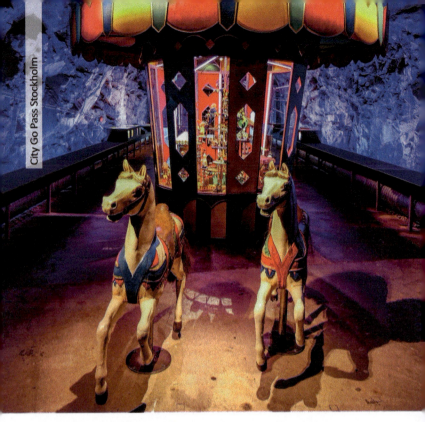

City Go Pass Stockholm

#23 Spielzeugmuseum Bergrummet

... Nostalgische Schätze und fantastische Abenteuer

Tief unter der Oberfläche der Stadtinsel Skeppsholmen verbirgt sich ein ganz besonderer Ort: das Spielzeugmuseum Bergrummet – Tidö Collection of Toys & Comics. Seit 2017 beherbergt das frühere Marinearsenal eines der größten Spielzeugmuseen Skandinaviens, das nicht nur durch seine außergewöhnliche Sammlung, sondern auch durch seine spektakuläre Lage in einem historischen Tunnelsystem begeistert. Auf rund 2.500 Quadratmetern verteilen sich mehr als 40.000 Exponate, die Besucher auf eine Zeitreise durch die Welt des Spielzeugs und der Kindheit vom 17. Jahrhundert bis heute mitnehmen.

Die Anlage, die ursprünglich als Verteidigungseinrichtung der schwedischen

Museen

Marine genutzt wurde und bis in die 1980er Jahre in Betrieb war, besteht aus acht Haupttunneln und mehreren kleineren Verbindungsgängen. In dieser besonderen Umgebung entfaltet die Ausstellung einen eigenen Zauber: Sanfte Beleuchtung, farbige Lichteffekte und der historische Steinboden schaffen eine Atmosphäre, die sowohl nostalgisch als auch geheimnisvoll wirkt. Besonders eindrucksvoll ist das beleuchtete historische Karussell, dessen Glanz im Halbdunkel der Tunnellandschaft besonders intensiv zur Geltung kommt.

Gegründet wurde die Sammlung ursprünglich auf dem Schloss Tidö bei Västerås von David von Schinkel, bevor sie ihren neuen Standort in Stockholm fand. Der Kern der Sammlung bildet historisches Spielzeug aus dem 17. und 18. Jahrhundert – darunter kunstvoll gefertigte Puppen, handbemalte Holzpferde, frühe Puppenhäuser und mechanische Blechspielzeuge. Auch Modellautos, Kaufläden, Plüschtiere und Spielszenen aus verschiedenen Epochen illustrieren, wie sich Kinderspiele im Lauf der Jahrhunderte verändert haben. Eine Besonderheit ist der in zwei Hälften geteilte Volvo in Originalgröße, dessen Inneres eine faszinierende Sammlung von Miniaturautos beherbergt – ein Highlight nicht nur für kleine Besucher.

Informationstafeln in Schwedisch, Englisch und Deutsch erläutern anschaulich die Bedeutung einzelner Exponate und die Entwicklung der Spielzeuge über die Jahrhunderte. So erfährst du etwa Details zur Entstehung des Schaukelpferds und zum Ursprung des Steckenpferds, das im 19. Jahrhundert als wichtiges Bewegungsspielzeug galt.

Ein weiterer Pluspunkt ist die familienfreundliche Ausrichtung: Viele Bereiche der Ausstellung sind interaktiv gestaltet. Kinder dürfen an bestimmten Stationen spielen, ausprobieren und auf Entdeckungstour gehen. Ein Museum, das zum Mitmachen anregt und sowohl die kleinen als auch die großen Besucher in seinen Bann zieht.

DAS SOLLTEST DU WISSEN

Das Museum ist komplett bargeldlos. Eine Zahlung ist nur mit Kreditkarte oder Girokarte möglich – eine Vorbereitung, die du bei deinem Besuch berücksichtigen solltest. Der Eintrittspreis liegt bei 140 SEK für Erwachsene, 110 SEK für Senioren und 90 SEK für Kinder ab vier Jahren sowie Studierende (Stand 2025). Besitzer eines Stockholm Go City Pass haben freien Eintritt.

Adresse: Das Bergrummet ist täglich von 10 bis 17 Uhr geöffnet und befindet sich an der Adresse Svensksundsvägen 5, Skeppsholmen, Stockholm.

Anreise: Die Anreise erfolgt am einfachsten zu Fuß oder mit dem Fahrrad von der Innenstadt aus – ein Spaziergang über die Brücke von Blasieholmen nach Skeppsholmen dauert etwa 20 Minuten. Alternativ fahren Buslinien vom Cityterminalen, wobei du für die Strecke rund 49 Minuten einplanen solltest. Wer mit dem Auto kommt, sollte sich auf mögliche Mautgebühren einstellen.

Museen: Kunst, Geschichte und moderne Meisterwerke

#24 Wikingermuseum
... Legenden und das raue Leben der Nordmänner

Wenn du an die skandinavische Geschichte denkst, kommen dir die Wikinger in den Sinn. Das Wikingermuseum liegt zentral auf der Insel Djurgården zwischen dem Vasa-Museum und dem Freizeitpark Gröna Lund. Das Wikingermusum räumt mit den verschiedenen Klischees über die Wikinger auf, die viele Reisende vor ihrem Schwedenurlaub haben. Seit 2017 erfährst du mehr über das Vikingaliv (Wikingerleben) - so hieß das Museum bei seiner Eröffnung. Um es den Reisenden aus aller Welt einfacher zu machen, wurde der Name nach kurzer Zeit geändert.

Das Museum bringt dich ins Jahr 963 n. Chr. zurück, als die Wikinger die Seefahrt beherrschten. Anhand von Ragnfrids Saga erlebst du die Gefahren auf hoher See und an Land. Denn die Wikinger waren ein familienfreundliches Volk, das die Kinder und Frauen schätzte.

Museen

Das Wikingermuseum ist interaktiv gestaltet und bereitet Groß und Klein viel Freude. Besonders attraktiv ist die elfminütige Wikingerfahrt, wobei du in einer fahrenden Gondel durch die Zeit reist. Verschiedene Schauplätze, darunter die Schiffswerften und die Bauernhöfe der Wikinger, stellen das Leben vor dem Mittelalter zur Schau. Mehrere Figuren zeigen Szenen, die das Kämpfen, das gemeinsame Feiern oder das Arbeiten darstellen. Wie haben die Wikinger sich gekleidet, wo schliefen sie und was haben sie gegessen? Das alles und noch mehr macht dir das Wikingermuseum deutlich. Beachte dabei, dass die Wikingerfahrt ab sieben Jahren geeignet ist. Das liegt an den aufregenden Szenen, die die Kinder zu sehen bekommen.

Die Erklärungstafeln, die du auf dem Rundgang findest, sind auf Englisch und Schwedisch gehalten. Ein kostenloser Audioguide, den du auch auf Deutsch einstellst, ist am Empfang erhältlich. Besonders beeindruckend sind die Erklärungen zu den Runen, die Wikinger als Schriftsprache verwendeten. Lerne mehr über den Bau der Drachenboote, die zu jener Zeit ein Meisterwerk der Baukunst waren. Neben der lustigen Fahrt fungiert das Museum als repräsentatives Haus der Wikingerforschung. Denn noch immer sind die geschichtlichen Ereignisse nicht vollständig aufgearbeitet. Mit deinem Eintritt trägst du zum Erhalt der Forschung bei.

Nach deinem Besuch lohnt sich das köstliche Essen im Restaurant vor Ort. Im Sommer findest du ein kleines Café direkt vor dem Museumseingang.

DAS SOLLTEST DU WISSEN

Von Stockholm aus erreichst du das Wikingerdorf Birka auf der Insel Björkö bequem in etwa zwei Stunden – inklusive einer entspannten Bootsfahrt über den Mälarsee. Birka gilt als erste bekannte Stadt Schwedens und gehört heute zum UNESCO-Weltkulturerbe. Vor Ort erwarten dich rekonstruierte Langhäuser, ein kleines Wikinger-Museum und geführte Touren durch die historischen Grabfelder. Besonders spannend: Im Sommer kannst du an Handwerksvorführungen teilnehmen und lernen, wie die Wikinger schmiedeten, webten oder kochten. Die Schiffe zur Insel legen vom Anleger Stadshusbron, 112 20 Stockholm, ab. Tickets beinhalten die Hin- und Rückfahrt sowie den Eintritt ins Museumsdorf und kosten etwa 450 SEK für Erwachsene (Stand 2025). Von Mai bis September finden täglich Überfahrten statt.

Adresse: Wikingermuseum, Djurgårdsvägen 48, 115 21 Stockholm; Öffnungszeiten: montags bis freitags von 11 bis 17 Uhr, samstags und sonntags von 10 bis 17 Uhr

Anfahrt: Mit der U-Bahn-Linie 7 oder der Buslinie 69 kommst du innerhalb von rund 19 Minuten vom Hauptbahnhof zum Museum.

Preise: Erwachsene kosten 199 SEK, Kinder im Alter von sieben bis 15 Jahren zahlen 159 SEK und Senioren sowie Studenten kosten 175 SEK (Stand: 2025). Der Stockholm Go City Pass bietet dir einen kostenlosen Zugang ins Museum.

Museen: Kunst, Geschichte und moderne Meisterwerke

City Go Pass Stockholm

#25 Nordiska museet
... entdecke die skandinavische Kultur

Nur wenige Schritte vom Vasa-Museum entfernt erhebt sich eines der imposantesten Gebäude Stockholms: das Nordiska museet auf der Insel Djurgården. Hier wird die Alltags- und Kulturgeschichte Skandinaviens vom 16. Jahrhundert bis in die Gegenwart lebendig. Gegründet wurde das Museum durch den schwedischen Pädagogen und Volkskundler Artur Hazelius (1833–1901), der auch das benachbarte Freilichtmuseum Skansen ins Leben rief. Seine Vision war es, das kulturelle Erbe des Nordens für kommende Generationen zu bewahren und anschaulich zu vermitteln.

Das eindrucksvolle Museumsgebäude entstand im Rahmen der Vorbereitungen auf die Stockholmer Kunst- und Industrieausstellung 1897 und wurde speziell für diesen Zweck errichtet. Der Architekt Isak Gustaf Clason wählte bewusst Elemente der nordischen

Museen

Renaissance, um dem Haus eine feierliche und majestätische Anmutung zu verleihen. Mit einer Länge von 125 Metern, einer Deckenhöhe von 24 Metern und seiner monumentalen Eingangshalle erinnert das Nordiska museet an eine Kathedrale – und tatsächlich ist die Atmosphäre durch die mächtige Kuppel und die Säulengänge überwältigend. Die besondere Akustik verstärkt den ehrwürdigen Charakter des Gebäudes und trägt zur einzigartigen Stimmung bei.

Mehr als 1,5 Millionen Exponate umfasst die Sammlung heute – darunter Möbel, Kleidung, Spielzeug, Schmuck, Kunsthandwerk und Volkskunst. Der Rundgang durch die Ausstellung gleicht einer Reise durch die Alltagswelten der Menschen: Du siehst prunkvolle Trachten aus dem 17. Jahrhundert ebenso wie modernes schwedisches Design, historische Puppenhäuser, alte Küchengeräte oder Handwerkskunst aus der Samikultur. Themen wie Weihnachtstraditionen in Schweden, Wohnen im Wandel der Zeit oder Modegeschichte werden in liebevoll kuratierten Ausstellungen dargestellt, die sowohl für Erwachsene als auch für Kinder spannend aufbereitet sind.

Besonders sehenswert ist die monumentale Holzstatue König Gustav Wasas, die zentral in der großen Halle thront. Geschaffen wurde sie von Carl Milles (1875–1955), einem der bedeutendsten schwedischen Bildhauer des 20. Jahrhunderts. Gustav Wasa gilt als Begründer des modernen schwedischen Staates, und seine Figur steht sinnbildlich für die Identität des Landes.

Regelmäßig wechselnde Sonderausstellungen greifen aktuelle gesellschaftliche Themen auf oder vertiefen spezielle Aspekte der nordischen Kultur. Für Familien gibt es eigens gestaltete Stationen, die zum Mitmachen einladen, sowie spezielle Führungen und Programme für Kinder.

DAS SOLLTEST DU WISSEN
In der Dauerausstellung über schwedisches Wohnen findest du ein original eingerichtetes Stockholmer Arbeiterwohnzimmer aus dem Jahr 1890, komplett mit Holzofen, handgewebten Teppichen und Zeitungsausschnitten an den Wänden. Die Möbel und Alltagsgegenstände wurden damals originalgetreu aus einem Abrisshaus im Stadtteil Södermalm übernommen und bewahrt – ein authentischer Einblick in das Leben einfacher Stadtbewohner vor über 130 Jahren.

Adresse: Nordisches Museum, Djurgårdsvägen 6-16, 115 93 Stockholm; Öffnungszeiten: Täglich von 10:00 bis 18:00 Uhr; mittwochs von September bis Mai bis 20:00 Uhr geöffnet.

Anfahrt: Die U-Bahnbahn-Linie 7, die Straßenbahnlinie 13 oder der Bus 69 führen dich in rund 19 Minuten in die Nähe des Museums. Nach wenigen Gehminuten bist du dort angekommen.

Preise: Erwachsene ab 19 Jahren zahlen 170 SEK und Senioren sowie Studenten kosten 150 SEK. Kinder haben generell kostenfreien Eintritt und mit dem Stockholm Go City Pass kommst du einmalig umsonst ins Museum.

Museen: Kunst, Geschichte und moderne Meisterwerke

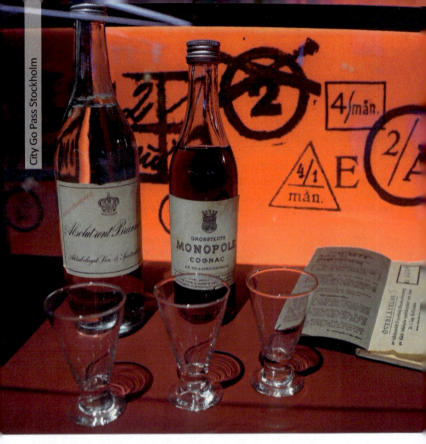

City Go Pass Stockholm

#26 Spritmuseum

... Museum über die schwedische Trinkkultur

An der Uferpromenade von Djurgården, in einem ehemaligen Marinegebäude aus dem 18. Jahrhundert, erwartet dich ein Museum der etwas anderen Art: das Spritmuseum. Hier dreht sich alles um die schwedische Trinkkultur – von historischen Bräuchen bis hin zur modernen Auseinandersetzung mit Alkohol in Gesellschaft, Kunst und Werbung. In einer Mischung aus Ernsthaftigkeit und augenzwinkernder Präsentation vermittelt das Museum, welchen Stellenwert Spirituosen, Braukunst und Trinkrituale im Norden Europas haben.

Die Dauerausstellung führt dich anschaulich durch die Geschichte der Alkoholproduktion in Schweden. Du erfährst, wie das Destillieren von Branntwein seit dem 15. Jahrhundert betrieben wurde und welche strengen staatlichen Regulierungen – etwa durch das Monopol Systembolaget, das bis heute den Einzelhandel mit Alkohol regelt – entstanden. Auch die dunkleren Kapitel kommen zur Sprache: Verbote, soziale Folgen und die Rolle des Alkohols in politischen Debatten werden nicht ausgespart.

Besonders lebendig wird die schwedische Trinkkultur durch die Trinklieder (Snapsvisor), die bei festlichen Gelegenheiten wie Mittsommer oder Weihnachtsfeiern zum festen Bestandteil gehören. Im Museum kannst du einige dieser Lieder anhören – viele Schweden beherrschen sie noch heute auswendig. Ein amüsantes Detail ist die Erklärung des Wortes Skål (Prost), das ursprünglich auf einen Brauch zurückgeht, bei dem ein Trinkgefäß – eine Schale – gemeinsam genutzt wurde und symbolisch als Zeichen des Vertrauens diente. Der Legende nach wurde der Schlüssel zum Weinkeller in eine Schale gelegt, um beim Anstoßen Ehrlichkeit zu beweisen.

Neben der Dauerausstellung organisiert das Spritmuseum regelmäßig Sonderausstellungen, die aktuelle Themen beleuchten. Dazu gehören etwa der Einfluss von Alkohol auf die schwedische Kunstszene oder die Darstellung von Alkohol in der Werbung – oft mit kritischem, aber auch humorvollem Unterton.

Deinen Rundgang kannst du entweder auf eigene Faust gestalten oder dich einer geführten Tour anschließen. Besonders lohnenswert ist die Teilnahme an einer Verkostung, bei der ausgewählte Spirituosen und Craftbiere angeboten werden. Gegen einen Aufpreis kannst du verschiedene Sorten Aquavit, Schnaps oder innovative Biere probieren, während du mehr über die Herstellung und die geschmacklichen Besonderheiten erfährst. Die geführte Verkostung kostet etwa 545 SEK pro Person (Stand 2025) und dauert rund eine Stunde. Alternativ kannst du ein sogenanntes Tasting Tray wählen, bei dem dir vier unterschiedliche Getränkeproben thematisch zusammengestellt serviert werden – darunter klassische Aquavite, schwedisches Craftbeer oder Varianten von Absolut Vodka.

Das zum Museum gehörende Restaurant ist ein weiteres Highlight. Hier erwarten dich saisonale Gerichte aus regionalen Zutaten, die perfekt auf die Getränkeauswahl abgestimmt sind. Die Küche legt besonderen Wert auf harmonische Kombinationen zwischen Speisen und den sorgfältig kuratierten Craftbieren. An sonnigen Tagen kannst du auf der Terrasse sitzen und den Blick über das Wasser der Saltsjön genießen – ein entspannter Abschluss nach einem erlebnisreichen Museumsbesuch.

Adresse: Spritmuseum, Djurgårdsstrand 9, 115 21 Stockholm; Öffnungszeiten: sonntags bis dienstags von 11 bis 19 Uhr, alle anderen Tage bis 22 Uhr geöffnet

Anfahrt: Vom Zentrum erreichst du das Museum am bequemsten mit der Straßenbahnlinie 7 Richtung Djurgården oder der Fähre ab Slussen.

Preise: Erwachsene bezahlen 190 SEK, Studenten und Senioren kosten 140 SEK und Jugendliche zwischen 15 und 18 Jahren bezahlen 95 SEK (Stand: 2025).

City Go Pass Stockholm

#27 Prinz Eugens Waldemarsudde

... große schwedische Kunstsammlung

Am äußersten Rand der Insel Djurgården, wo die Stadt in die weite Ostsee übergeht, liegt ein besonders elegantes Ausflugsziel: Prins Eugens Waldemarsudde. Eingebettet in sanfte Hügellandschaften und direkt am Wasser gelegen, vereint dieser historische Ort Natur, Kunst und königliche Geschichte auf faszinierende Weise. Prinz Eugen von Schweden (1865–1947), Sohn von König Oskar II., ließ hier nicht nur seine Residenz errichten, sondern schuf einen Ort, an dem seine Leidenschaft für die Malerei und die Natur bis heute spürbar ist.

Das Herzstück des Anwesens ist die Villa Waldemarsudde, die Anfang des 20. Jahrhunderts von dem Architekten Ferdinand Boberg gestaltet wurde. Die Architektur kombiniert klassische Formen mit Jugendstilelementen und vermittelt eine warme, private Atmosphäre – weit entfernt von der Stren-

Museen

ge traditioneller Königshäuser. Prinz Eugen, selbst ein hochgeschätzter Landschaftsmaler, richtete sich die Villa nicht nur als Wohnhaus, sondern auch als Atelier und Galerie ein. Heute findest du hier eine beeindruckende Sammlung seiner eigenen Werke sowie bedeutende Gemälde seiner Zeitgenossen, darunter Arbeiten von Anders Zorn, Carl Larsson, Richard Bergh und Carl Fredrik Hill.

Ein besonders berührendes Exponat ist eines von Prinz Eugens eigenen Ölgemälden, das seine tiefe Verbundenheit zur schwedischen Landschaft widerspiegelt. Nicht weit vom Haupthaus entfernt liegt seine Grabstätte, schlicht und harmonisch in die Natur integriert, sodass sie Teil des lebendigen Gesamtkunstwerks bleibt, das er hier geschaffen hat.

Auf dem Gelände sind noch zwei historische Mühlen erhalten, darunter die Ölmühle, in der Prinz Eugen Farben für seine Malereien herstellen ließ – ein beeindruckendes Zeugnis seines handwerklichen Anspruchs und seiner tiefen Verwurzelung im künstlerischen Schaffen. Auch heute noch kann man die alte Bausubstanz und die liebevolle Restaurierung dieser Bauwerke bewundern.

Das Anwesen umfasst den ausgedehnten Friesens Park, ein etwa 70.000 Quadratmeter großes Areal, das Spaziergänger zu ausgedehnten Erkundungen einlädt. Gepflegte Rasenflächen, Skulpturen von Künstlern wie Carl Milles und verschlungene Pfade, die immer wieder neue Ausblicke auf die Bucht Saltsjön oder die gegenüberliegende Stadtseite eröffnen, machen jeden Spaziergang zu einem Erlebnis. Im Wechsel der Jahreszeiten verändert sich das Erscheinungsbild der Gärten – von der frühlingshaften Blütenpracht bis zur herbstlichen Farbenpracht bietet Waldemarsudde zu jeder Zeit besondere Eindrücke.

DAS SOLLTEST DU WISSEN

Im ehemaligen Atelier von Prinz Eugen kannst du heute noch die original erhaltene Staffelei und seine Palette sehen, auf der sich Farbreste seiner letzten Arbeiten befinden. Das Atelier liegt im Erdgeschoss der Villa und wurde bewusst in seiner historischen Form belassen, inklusive der hohen Fenster, die das Tageslicht perfekt auf die Leinwand fallen lassen – ein zentrales Element für Eugens Landschaftsmalerei.

Adresse: Prinz Eugens Waldemarsudde, Eugens Väg 6, 115 21 Stockholm; Öffnungszeiten: dienstags bis sonntags von 11 bis 17 Uhr, donnerstags bis 20 Uhr geöffnet

Anfahrt: Von T-Centralen aus nimmst du die Straßenbahn Richtung Djurgården bis zur Endhaltestelle. Die gemütliche Fahrt dauert rund 28 Minuten und ermöglicht dir einen Blick ins Grüne.

Preise: Erwachsene kosten 170 SEK und Studenten sowie Senioren bezahlen 150 SEK (Stand: 2025). Mit dem Stockholm Go City Pass hast du nicht nur freien Eintritt, sondern du erhältst auch zehn Prozent Rabatt im Restaurant.

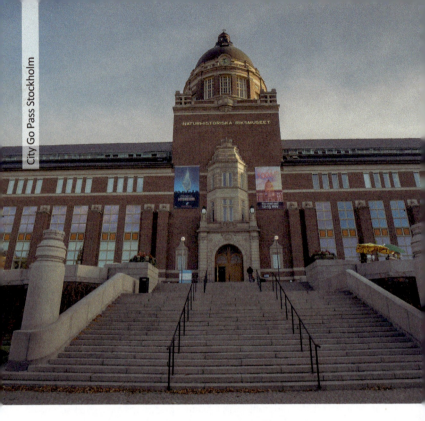

City Go Pass Stockholm

#28 Museum für Naturgeschichte

... Dinosaurier, Sternenstaub und schwedischen Wildnis

In Frescati, nördlich des Stockholmer Stadtzentrums, erwartet dich mit dem Naturhistoriska riksmuseet eines der traditionsreichsten und größten Naturkundemuseen Europas. Seit seiner Eröffnung im Jahr 1916, entworfen vom schwedischen Architekten Axel Anderberg, dient das imposante Gebäude nicht nur als wissenschaftliches Zentrum, sondern auch als eindrucksvolles Beispiel nationaler Architektur dieser Zeit. Mit seiner mächtigen Kuppel, den symmetrischen Flügeln und großzügigen Ausstellungshallen ist das Museum längst ein fester Bestandteil der Stockholmer Museumslandschaft.

Die Sammlungen decken die gesamte Entwicklungsgeschichte des Lebens ab – von den ältesten Fossilien der Erde bis zu modernen ökologischen Fragestellungen. Besonders eindrucksvoll sind die Skelette von Dinosauriern und Mammuts, die detailgetreu rekonstruiert wurden und die Besucher auf eine Reise durch Millionen von Jahren Evolution mitnehmen. Interaktive Stationen machen komplexe Themen wie die Entwicklung des menschlichen Daumens oder die Anpassungsmechanismen früher Lebensformen auf anschauliche Weise erlebbar.

Nicht zu übersehen ist das kleine, aber faszinierende Aquarium, in dem Quallen ihre lautlose Bahn ziehen – ein eindrucksvoller Hinweis darauf, dass diese faszinierenden Lebewesen schon vor mehreren Hundert Millionen Jahren die Ozeane bevölkerten. Ergänzt wird das Ausstellungskonzept durch moderne Präsentationstechniken, wobei sämtliche Tafeln auf Schwedisch und Englisch verfügbar sind.

Einen besonderen Schwerpunkt bildet das Cosmonova, Skandinaviens erstes IMAX-Kino und gleichzeitig ein hochmodernes Planetarium. Unter der 752 Quadratmeter großen Kuppel kannst du atemberaubende Filme über die Entstehung der Erde, die Evolution des Lebens und die Geheimnisse des Universums erleben. Die Kombination aus hochauflösenden Bildern und beeindruckendem Surround-Sound sorgt dafür, dass du die gezeigten Naturphänomene spüren kannst. Aufgrund der Beliebtheit der Vorstellungen empfiehlt sich eine frühzeitige Ticketreservierung, die du bequem über die offizielle Website des Museums (www.nrm.se) vornehmen kannst. So sicherst du dir deinen Platz und kannst deinen Besuch entspannt planen.

DAS SOLLTEST DU WISSEN

Direkt neben dem Museum erstreckt sich der Botanische Garten Frescati, Teil der Universität Stockholm. Auf über 18 Hektar kannst du hier zwischen rund 9.000 Pflanzenarten aus aller Welt spazieren. Besonders beeindruckend ist das Gewächshaus „Edvard Andersons växthus", in dem du mediterrane, tropische und wüstenhafte Klimazonen erleben kannst – von Olivenbäumen bis hin zu seltenen Kakteen. Im Freien laden thematisch angelegte Gärten wie der Japanische Garten oder das Arboretum mit alten Baumriesen zu Entdeckungstouren ein. Der Eintritt in den Außenbereich ist frei; das Gewächshaus kostet etwa 90 SEK für Erwachsene (Stand 2025). Adresse: Veit Wittrocks väg 6, 114 18 Stockholm. Geöffnet täglich ab 11 Uhr.

Adresse: Naturhistoriska riksmuseet, Frescativägen 40, 114 18 Stockholm; Öffnungszeiten: dienstags bis freitags von 11 bis 17 Uhr, samstags und sonntags schon ab 10 Uhr geöffnet

Anfahrt: Ab T-Centralen bist du in rund 19 Minuten mit der Straßenbahn 14 vor Ort.

Preise: Erwachsene bezahlen 160 SEK für die Ausstellung und 150 SEK für das Cosmonva (Stand: 2025). Ein Kombiticket für beides ist günstiger und kostet dich nur 250 Euro. Kinder ab zwei Jahren müssen nur den Zutritt ins Cosmonova mit 100 SEK bezahlen. Der

Museen: Kunst, Geschichte und moderne Meisterwerke

#29 Königliches Waffenmuseum
... Rüstungen, Klingen und Geschichten

Tief unter dem Königlichen Schloss in Stockholm liegt ein Ort, an dem die Geschichte Schwedens aus einer besonderen Perspektive erzählt wird: das Livrustkammaren, das Königliche Waffenmuseum. Es ist nicht nur das älteste Museum Schwedens, sondern geht auf einen konkreten königlichen Erlass zurück: Gustav II. Adolf (1594–1632) ordnete nach seinem Polenfeldzug an, seine Kampfrüstung sowie weitere Kriegsgegenstände für die Nachwelt aufzubewahren. Damit legte er den Grundstein für eine Sammlung, die heute einen faszinierenden Einblick in die militärische und höfische Vergangenheit des Landes ermöglicht.

Das Museum erstreckt sich über drei Ebenen und führt dich chronologisch durch verschiedene Epochen der schwedischen Geschichte. Beginnend bei den Wikingern, deren Waffenhandwerk und Kriegskunst thematisiert werden, bewegst du dich durch die Zeit des Mittelalters, wo die glänzenden Ritterrüstungen und prunkvollen Schwerter die Bedeutung von Status und Schutz illustrieren. Eindrucksvolle Pferderüstungen, Prunkkutschen und

Museen

höfische Paradeausstattungen zeugen davon, dass Schlachten und Zeremonien im Norden eng miteinander verbunden waren.

Besonders wertvoll sind die original erhaltenen Ausrüstungsstücke berühmter Monarchen. Unter anderem kannst du die Blutrüstung Gustav II. Adolfs besichtigen, die der König während der Schlacht bei Lützen 1632 getragen haben soll – ein berührendes und zugleich dramatisches Zeugnis der Geschichte. Ebenso findest du prachtvolle Gewänder der schwedischen Königsfamilie, kunstvoll erhalten und aufwändig ausgeleuchtet in gläsernen Vitrinen, die einen Einblick in die höfische Mode vom 16. bis 19. Jahrhundert geben.

Das Livrustkammaren versteht es, historische Themen auch für junge Besucher spannend aufzubereiten. In speziellen Bereichen können sich Kinder als Ritter, Burgfräulein oder Könige verkleiden und so spielerisch die Vergangenheit erkunden. Der Zugang zu den Ausstellungen ist übersichtlich gestaltet und alle wichtigen Informationen sind auf Schwedisch und Englisch abrufbar.

Nach deinem Besuch lohnt sich ein Abstecher zum nur etwa 50 Meter entfernten Tessinska Palatset, dem Tessinschen Palais. Dieses elegante Stadtpalais wurde Ende des 17. Jahrhunderts von Nicodemus Tessin dem Jüngeren, einem der bedeutendsten schwedischen Barockarchitekten, für seine Familie errichtet. Nach finanziellen Schwierigkeiten musste sein Sohn Carl Gustaf Tessin den Familiensitz an den Staat verkaufen. Seit 1968 dient das prachtvolle Gebäude als Residenz des Landeshauptmanns (landshövding) der Provinz Stockholm. Das Palais im Barockstil mit seinem Innenhof und den eleganten Fassaden gehört zu den schönsten und am meisten fotografierten historischen Gebäuden der Stadt.

DAS SOLLTEST DU WISSEN
Im Livrustkammaren kannst du einen Blick auf die original erhaltene Hochzeitskutsche von Königin Kristina werfen, die 1650 zu ihrer Krönung genutzt wurde. Die kunstvoll verzierte Prunkkutsche ist reich mit vergoldeten Holzschnitzereien und königlichen Emblemen ausgestattet und gehört zu den ältesten erhaltenen Staatskarossen Europas. Sie steht in einem eigenen Bereich der Ausstellung und vermittelt eindrucksvoll die Prachtentfaltung des schwedischen Hofes im 17. Jahrhundert.

Adresse: Königliches Waffenmuseum, Slottsbacken 3, Stockholm 111 30; Öffnungszeiten: dienstags bis sonntags von 11 bis 17 Uhr, donnerstags von 11 bis 20 Uhr

Anfahrt: Es stehen dir mehrere Straßenbahn- und Buslinien ab dem Hauptbahnhof und T-Centralen bis Gamla Stan zur Verfügung. Plane eine Fahrtzeit von etwa 18 Minuten ein.

Preise: Erwachsene ab 19 Jahren kosten 180 SEK (Stand: 2025). Senioren und Studenten zahlen einen Eintrittspreis von 90 SEK. Am Donnerstag kostet dich der Eintritt ab 17 Uhr nur die Hälfte. Nutze den Stockholm Go City Pass, um freien Eintritt zu erhalten.

Museen: Kunst, Geschichte und moderne Meisterwerke

City Go Pass Stockholm

#30 Polizeimuseum

... Rüstungen, Klingen und Geschichten

Polizeiarbeit hautnah erleben – das ermöglicht dir das Polismuseet in Stockholm, das sich am Rande von Östermalm, in unmittelbarer Nähe zum Technischen Museum, befindet. In dieser modernen und familienfreundlichen Ausstellung erfährst du, wie sich die Rolle der Polizei in Schweden seit dem 19. Jahrhundert entwickelt hat und welche Aufgaben sie heute in einer demokratischen Gesellschaft übernimmt.

Bereits im Eingangsbereich fällt auf, dass hier Interaktivität großgeschrieben wird. Über zwei Etagen hinweg erwartet dich eine Vielzahl an spannenden Exponaten: von Originaluniformen aus der Mitte des 19. Jahrhunderts bis hin zu modernen Einsatzkleidungen mit Hightech-Ausrüstung. Besucher jeden Alters können selbst in Polizeiuniformen schlüpfen, sich ans Steuer eines originalgetreu nachgebildeten Polizeiautos setzen oder die Ausstattung eines heutigen Streifenwagens erkunden.

Besonders fesselnd ist der nachgestellte Kriminalfall im oberen Stockwerk:

Museen

In einem inszenierten Tatort können Kinder und Erwachsene als Ermittler tätig werden, Spuren sichern und Indizien auswerten. Hier wird die Arbeit der Kriminaltechnik nicht nur erklärt, sondern selbst erlebbar gemacht – ein spannender Perspektivwechsel, der zeigt, wie aufwendig und akribisch Polizeiarbeit abläuft.

Auch aktuelle Themen finden Platz: Wie reagiert die Polizei auf Cyberkriminalität? Welche Methoden helfen bei der Aufklärung internationaler Verbrechen? Wie wird mit moderner Überwachungstechnologie gearbeitet? Diese Fragen werden anschaulich beantwortet, ergänzt durch audiovisuelle Medien und interaktive Stationen. Alle Informationen sind auf Schwedisch und Englisch verfügbar.

Das Polismuseet ist Teil der offiziellen Aufklärungsarbeit der schwedischen Polizei und richtet sich ausdrücklich an die breite Öffentlichkeit. Ziel ist es, Transparenz zu schaffen, Vertrauen zu fördern und zu zeigen, welche Vielfalt an Spezialisierungen heute unter dem Begriff „Polizei" zusammenkommt – vom Verkehrspolizisten bis hin zur Cybercrime-Einheit.

Adresse: Polismuseet, Museivägen 7, 115 27 Stockholm; Öffnungszeiten: dienstags bis freitags von 12 bis 17 Uhr, samstags und sonntags von 11 bis 17 Uhr

Anfahrt: Fahre mit dem Bus 69 ab T-Centralen bis Museiparken. Von dort sind es nur noch wenige Schritte, denn die Haltestelle befindet sich direkt gegenüber vom Museum.

Preise: Erwachsene ab 20 Jahren kosten 80 SEK (Stand: 2025). Der Stockholm Go City Pass bietet dir einen freien Eintritt.

Museen: Kunst, Geschichte und moderne Meisterwerke

NATUR PUR

… von königlichen Gärten bis zu wilden Schärenlandschaften

Wer durch Stockholm spaziert, spürt sofort: Hier gehört die Natur einfach dazu. Zwischen glitzernden Wasserwegen, weiten Parklandschaften und stillen Wäldchen entfaltet sich eine Stadt, die Erholung und Abenteuer mühelos verbindet.

Ob königliche Gärten auf Djurgården, versteckte Oasen wie der Långholmen oder die endlose Weite des Schärengartens – überall lädt Stockholm dazu ein, die Natur mit allen Sinnen zu erleben. Jede Parkbank, jede Uferpromenade, jeder kleine Steg erzählt von der tiefen Liebe der Stadt zu ihren grünen Rückzugsorten.

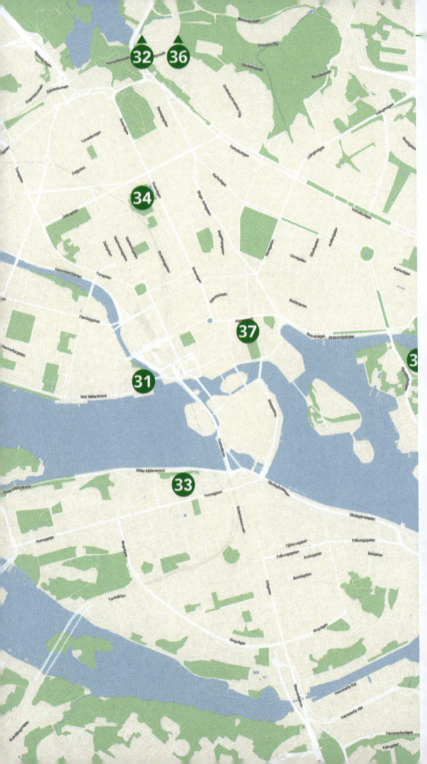

NATUR

#31 Stadshuset
#32 Haga Ocean
#33 Ivar Lo's park
#34 Observatorielunden
#35 Lusthusportens Park
#36 Bergianska trädgården
#37 Kungsträdgården
#38 Schloss Rosendal
#39 Vaxholm

#31 Stadshuset

... Stockholms Wahrzeichen mit wunderschönem Garten

Am Ufer des Riddarfjärden erhebt sich eines der bekanntesten Wahrzeichen Stockholms: das prächtige Stadshuset im Stadtteil Kungsholmen. Mit seiner markanten roten Backsteinfassade und dem 106 Meter hohen Turm ist das Gebäude nicht nur architektonisch eindrucksvoll, sondern spielt auch eine zentrale Rolle im gesellschaftlichen Leben der Stadt. Nach einer Bauzeit von über zwölf Jahren wurde das Rathaus 1923 fertiggestellt. Verantwortlich für die Planung war der Architekt Ragnar Östberg, der traditionelle schwedische Baustile mit italienischen Renaissanceelementen verband und so einen der imposantesten Bauten der Stadt schuf.

Heute ist das Stadshuset weit mehr als nur ein Verwaltungsgebäude: Es ist berühmt als Veranstaltungsort des feierlichen Nobelbanketts, der jedes Jahr am 10. Dezember im prachtvollen Blauen Saal (Blå Hallen) zu Ehren der Nobelpreisträger stattfindet. Über 1.300 Gäste nehmen an diesem gesellschaftlichen Höhepunkt teil, der weltweit Beachtung findet.

Natur pur

Ein besonderes Erlebnis ist der Aufstieg auf den Stadshusturm. Bis etwa zur Hälfte bringt dich ein Aufzug, den Rest musst du über Treppen zurücklegen. Obwohl der Weg nach oben etwas Kondition erfordert und für Kinderwagen oder Rollstühle nicht geeignet ist, wird die Mühe belohnt: Vom Aussichtspunkt genießt du eine unvergleichliche Aussicht auf Gamla Stan, die grünen Inseln Stockholms und die Weiten des Riddarfjärden. An klaren Tagen reicht der Blick weit über die Stadtgrenzen hinaus.

Direkt hinter dem mächtigen Bauwerk öffnet sich der Stadshusparken, eine gepflegte Grünanlage, die eine wohltuende Abwechslung zum urbanen Trubel bietet. Auf großzügigen Rasenflächen laden zahlreiche weiße Parkbänke mit kunstvollen Metallornamenten zum Verweilen ein. Kleine Springbrunnen, kunstvoll gestaltete Blumenkästen und Skulpturen von Künstlern wie Carl Eldh und Bror Hjorth ergänzen die harmonische Gestaltung. Besonders eindrucksvoll ist die Statue „Der Junge, der nach den Sternen greift", die eine nachdenkliche Note in die Atmosphäre des Parks bringt.

In den Sommermonaten wird der Park zum Treffpunkt für Maler, Yogagruppen und Spaziergänger, während im Herbst die bunt verfärbten Blätter die Wege in ein farbenprächtiges Mosaik verwandeln. Der Blick auf das Wasser des Riddarfjärden, kombiniert mit der entspannten Stimmung im Park, macht ihn zu einem der schönsten Plätze in ganz Stockholm. Der Stadshusparken ist frei zugänglich und eignet sich hervorragend für eine Pause während deines Stadtspaziergangs.

Adresse: Stadshuset, Hantverkargatan 1, 111 52 Stockholm; Öffnungszeiten: Der Park ist jederzeit zugänglich. Der Turm ist ab Mai geöffnet.

Anfahrt: Vom Hauptbahnhof sind es nur zehn Gehminuten und mit dem Fahrrad sind es nur vier Minuten.

Preise: Für den Turmaufstieg mit der Besichtigung der Ausstellung im Rathaus bezahlen Erwachsene 100 SEK (Stand: 2025). Der Stadtpark ist kostenlos und ohne Ticket zu besuchen.

Natur pur: Genieße die grüne Seele Stockholms

City Go Pass Stockholm

#32 Schmetterlings- haus Haga Ocean

... Tropische Farbenpracht und faszinierende Unterwasserwelten

Zwischen exotischen Pflanzen und tropischer Wärme entfaltet sich im Schmetterlingshaus Haga Ocean eine faszinierende Welt: Hier fliegen farbenprächtige Schmetterlinge frei durch die Luft und schaffen eine Umgebung, die Besucher für einen Moment glauben lässt, sie seien in den Regenwäldern eines anderen Kontinents. Das Haus befindet sich im Hagapark, einem der größten und beliebtesten Naherholungsgebiete Stockholms, und kombiniert Naturerlebnis mit stiller Beobachtung.

Im Inneren des Schmetterlingshauses begleiten dich Bananenstauden, riesige Farne und weitere tropische Gewächse auf deinem Rundgang. An mehreren Futterstellen kannst du die Schmetterlinge aus nächster Nähe beobachten, während sie sich an süßem Obst oder Nektar laben. Andere Falter fliegen wild durch die Halle und setzen sich gelegentlich sogar auf Besucher – ein Moment, der nicht nur Kinder, sondern auch Erwachsene in Staunen versetzt.

Natur pur

Ein besonderer Höhepunkt ist die Aufzuchtstation, an der du beobachten kannst, wie Schmetterlingspuppen sich langsam öffnen und neue Falter zum Leben erwachen. Geduld zahlt sich hier aus: Mit etwas Glück erlebst du live das Schlüpfen eines frisch entwickelten Schmetterlings, der danach seine ersten Flugversuche unternimmt. Da sich die Population an Schmetterlingen je nach Jahreszeit verändert, ist der Zeitraum zwischen Mai und September besonders empfehlenswert für deinen Besuch. In dieser Zeit herrscht Hochbetrieb im Schmetterlingshaus, und die Vielfalt der Arten erreicht ihren Höhepunkt.

Das Haga Ocean beherbergt neben dem Schmetterlingshaus auch ein kleines, aber eindrucksvolles Aquarium, in dem du Korallenfische und kleine Haie beobachten kannst. Die Kombination von Wasser- und Tropenwelt macht den Ausflug besonders abwechslungsreich.

Direkt vor den Türen des Schmetterlingshauses erstreckt sich der weitläufige Hagapark, ein klassisches Beispiel englischer Landschaftsgestaltung aus dem 18. Jahrhundert. Zwischen ausgedehnten Wiesen und sanften Hügeln laden zahlreiche Plätze zum Picknicken, Tretbootfahren auf dem Brunnsviken oder entspannten Spaziergängen ein. Historisch bedeutende Sehenswürdigkeiten wie das elegante Schloss Haga, die auffälligen Kupferzelte – einst als Unterkünfte für die königliche Garde errichtet – sowie die Künstlerwerkstatt im ehemaligen Orangeriegebäude ergänzen das Angebot und machen den Park zu einem echten Kultur- und Naturerlebnis.

DAS SOLLTEST DU WISSEN

Im Haga Ocean kannst du im 30 Meter langen Hauptbecken auf Tuchfühlung mit rund 20 Schwarzspitzen-Riffhaien, Sandbankhaien und Stechrochen gehen. Die Scheiben reichen vom Boden bis zur Decke und geben dir das Gefühl, mitten im Lebensraum dieser faszinierenden Tiere zu stehen. Besonders eindrucksvoll ist die tägliche Fütterung, bei der du beobachten kannst, wie sich die Haie im Schwarm verhalten und ihre ausgeklügelte Jagdtechnik demonstrieren. Zusätzlich läuft in einem kleinen Kinosaal ein halbstündiger Dokumentarfilm auf Schwedisch und Englisch, der erklärt, warum Haie eine Schlüsselrolle im ökologischen Gleichgewicht der Meere spielen.

Adresse: Schmetterlingshaus Haga Ocean, Hagaparken, 169 70 Solna; Öffnungszeiten: montags bis sonntags von 10 bis 17 Uhr

Anfahrt: Ab T-Centralen führen dich mehrere Linien innerhalb von rund 34 Minuten zum Hagapark. Im Park selbst musst du noch rund 700 Meter zu Fuß gehen, bis du am Schmetterlingshaus angekommen bist.

Preise: Erwachsene bezahlen für den gesamten Hagapark 259 SEK, Kinder von drei bis 15 Jahren zahlen 159 SEK und Senioren kosten 198 SEK (Stand: 2025). Mit dem Stockholm Go City Pass kommst du kostenlos in den Hagapark.

Natur pur: Genieße die grüne Seele Stockholms

#33 Ivar Lo's Park

... Grüne Oase mit Weitblick

In Stockholm gibt es kaum einen besseren Ort, um den Tag entspannt ausklingen zu lassen als im Ivar Lo's Park auf Södermalm. Dieser charmante, leicht erhöhte Park ist unter Einheimischen längst ein Geheimtipp, wenn es darum geht, den Sonnenuntergang in seiner schönsten Form zu genießen. Mit einer Picknickdecke, ein paar Freunden und einem kühlen Getränk ausgestattet, versammeln sich hier ab dem späten Nachmittag Menschen aller Altersgruppen, um die spektakuläre Aussicht auf die Stadt auf sich wirken zu lassen.

Der rot umzäunte Park liegt unmittelbar am Rand von Södermalm und eröffnet einen freien Blick auf die Skyline der Stockholmer Innenstadt, den Riddarfjärden und hinüber zum Monteliusvägen auf dem Mariaberget – einem weiteren beliebten Aussichtspunkt. Besonders beeindruckend ist der Kontrast zwischen dem ruhigen Wasser und den historischen Gebäuden, die im Licht der untergehenden Sonne ein goldenes Leuchten annehmen.

Benannt ist der Park nach dem schwedischen Schriftsteller Ivar Lo-Johansson (1901–1990), einem bedeutenden Vertreter der Arbeiterliteratur, der lange Zeit auf Södermalm lebte. Eine Statue des Autors erinnert dezent an seine Verbindung zu diesem Teil der Stadt.

Neben den großzügigen Wiesenflächen, die sich ideal für ein Picknick eignen, findest du im Park auch einige Sitzgelegenheiten und Bänke – perfekt, falls du spontan vorbeischaust und keine Decke dabei hast. Für Kinder gibt es einen kleinen Spielbereich mit Klettergerüsten und Schaukeln, der bei Familien sehr beliebt ist. Die gepflegten Wege führen durch sanfte Grünflächen und laden zu kurzen Spaziergängen ein.

Adresse: Ivar Lo's Park, Bastugatan 26, 118 25 Stockholm

Anfahrt: Von T-Centralen aus nimmst du die Straßenbahn 13 oder 14 und nach 19 Minuten bist du schon dort.

Natur pur

#34 Observatorielunden

... historischer Hügel mit Sternwarte

Zwischen alten Bäumen und sanft geschwungenen Wegen entfaltet der Observatorielunden seine ruhige, fast schon versteckte Schönheit. Während auf der darunterliegenden Drottninggatan das Leben pulsiert, genießt du hier oben auf dem Hügel eine angenehme Stille und einen herrlichen Blick auf das bunte Treiben der Innenstadt. Der Park wirkt wie ein natürliches Dach über Vasastan – ein Ort, der zum Durchatmen, Verweilen und Entdecken einlädt.

Seinen Namen verdankt die Grünanlage dem Observatorium, das im 18. Jahrhundert errichtet wurde und damals als bedeutendes Zentrum für astronomische Forschung diente. Heute öffnet das historische Gebäude an ausgewählten Terminen seine Türen für Besucher, die sich für die Entwicklung der Astronomie und Meteorologie interessieren. Im Rahmen von Führungen, die meist an Wochenenden oder während der Schulferien stattfinden (vor allem im Frühling und Herbst), erfährst du mehr über die Geschichte der Himmelsbeobachtung in Schweden, über alte Messinstrumente und bedeutende Entdeckungen. Die Teilnahme an einer Führung kostet etwa 120 SEK für Erwachsene, ermäßigte Tickets für Schüler und Studierende liegen bei etwa 80 SEK (Stand 2025). Eine vorherige Online-Buchung wird empfohlen, da die Teilnehmerzahl begrenzt ist.

Zwischen den alten Bäumen stößt du im Park auch auf eine kleine, aber interessante Sammlung von Skulpturen. Künstlerisch gestaltete Werke sind dezent in die Landschaft integriert und laden dazu ein, sich Gedanken über Natur, Wissenschaft und das Verhältnis des Menschen zum Kosmos zu machen. Wer möchte, kann im Rahmen spezieller Kunstführungen mehr über die Symbolik und die Entstehung der Skulpturen erfahren – diese Termine werden oft in Verbindung mit den Führungen durch das Observatorium angeboten.

Im Observatorielunden findest du zahlreiche Bänke, ruhige Ecken und gepflegte Wege, die sich ideal für eine kleine Pause mitten im Großstadtleben eignen.

Adresse: Observatorielunden, Drottninggatan, 113 60 Stockholm

Anfahrt: Von T-Centralen nimmst du die Linien 17, 18 oder 19. Sie führen dich in 19 Minuten zum Park.

#35 Lusthusportens Park

... verstecktes Gartenparadies mit königlichem Charme

Der Lusthusportens Park auf Djurgården ist ein historisch bedeutsamer Ort in Stockholm, der sowohl durch seine Architektur als auch durch seine Geschichte beeindruckt. Im Zentrum des Parks steht die Villa Lusthusporten, ein Gebäude mit einer bewegten Vergangenheit.

Ursprünglich befand sich an dieser Stelle im 17. Jahrhundert ein Lusthaus, das dem nahegelegenen Tor seinen Namen gab. Später stand hier eine Gaststätte namens Lusthusporten, die jedoch 1869 einem Brand zum Opfer fiel. Im Jahr 1873 ließ der Großhändler Alfred Brinck an dieser Stelle ein Haus im strengen italienischen Stil errichten, entworfen von den Architekten Axel und Hjalmar Kumlien. Während

Natur pur

der Allgemeinen Kunst- und Industrieausstellung in Stockholm im Jahr 1897 diente die Villa temporär als Pressebüro und Polizeistation.

1898 erwarb der Korkfabrikant Hjalmar Wicander das Anwesen und beauftragte den Architekten Carl Möller mit einem umfassenden Umbau. Das Gebäude erhielt dabei sein heutiges Erscheinungsbild im Stil des Neobarock mit Jugendstilelementen, was zur damaligen Zeit als besonders modern galt. Später wurde das Grundstück zugunsten einer öffentlichen Uferpromenade verkleinert, und die Villa mit einem schmiedeeisernen Zaun eingefasst.

Im Jahr 1940 wurde die Villa Lusthusporten der Stiftung des Nordischen Museums geschenkt und beherbergt seitdem die Museumsleitung sowie das Institut für Ethnologie. Das Gebäude steht heute unter Denkmalschutz und ist ein bedeutendes Beispiel für die Architektur des späten 19. Jahrhunderts in Stockholm.

Der Lusthusportens Park selbst ist öffentlich zugänglich und bietet einen ruhigen Rückzugsort inmitten der Stadt. Mit seinen gepflegten Rasenflächen, alten Bäumen und dem Blick auf das Wasser lädt er zum Verweilen ein. Der Eingang zum Park ist durch ein auffälliges blaues Tor mit goldenen Verzierungen gekennzeichnet, das an die königliche Vergangenheit des Geländes erinnert.

Adresse: Lusthusportens Park, Djurgårdsvägen 10, 115 21 Stockholm

Anfahrt: Mit der Buslinie 69 ab T-Centralen bist du in 17 Minuten am Park angekommen.

Natur pur: Genieße die grüne Seele Stockholms

City Go Pass Stockholm

#36 Bergianska Trädgården

... Botanisches Paradies zwischen exotischen Pflanzen und nordischem Flair

Zwischen alten Bäumen, duftenden Blüten und dem ruhigen Wasser des Brunnsviken entfaltet der Bergianska Trädgården seine volle Wirkung – ein botanischer Garten, der mehr als nur Pflanzen zur Schau stellt. Im Norden Stockholms, im Stadtteil Norra Djurgården, liegt diese grüne Oase eingebettet in die waldreiche Umgebung des Nationalstadtparks Ekoparken, zu dem der Garten seit 1991 gehört. Bereits 1993 wurde das Gelände unter Denkmalschutz gestellt – eine Anerkennung für seinen wissenschaftlichen, historischen und kulturellen Wert.

Die Ursprünge des Gartens reichen zurück bis ins 18. Jahrhundert, als er zunächst als Privatinitiative im Stadtteil Vasastaden gegründet wurde. Seit 1885 befindet sich der botanische Garten an seinem heutigen Standort am Ufer des Brackwassersees Brunns-

Natur pur

viken. Die Anlage versteht sich als lebendiges Museum, in dem auf etwa 9.000 Pflanzenarten aus aller Welt wissenschaftlich dokumentiert und gepflegt werden. Ziel ist es, Besuchern die Vielfalt, Entwicklung und ökologische Bedeutung von Pflanzen nahezubringen – und das ganzjährig, denn auch im Winter laden die Gewächshäuser zu einer botanischen Entdeckungsreise ein.

Besonders farbenprächtig zeigt sich der Garten jedoch zwischen Mai und September, wenn im Freien zahlreiche Pflanzenbeete in voller Blüte stehen. Spazierwege führen dich durch thematisch gegliederte Bereiche: von nordischen Nutzpflanzen bis zu exotischen Arten aus Südamerika, Asien oder dem Mittelmeerraum. Ein Highlight ist das Victoria-Gewächshaus, das Anfang des 20. Jahrhunderts mit seiner imposanten Kuppel erbaut wurde. Es beherbergt die berühmte Riesenseerose Victoria regia, deren gewaltige Blätter einen Durchmesser von bis zu zwei Metern erreichen und zu den meistfotografierten Pflanzen des Gartens zählen.

Ebenfalls sehenswert ist das Edvard-Andersson-Gewächshaus, das mit wechselnden Klimazonen beeindruckt. Hier wachsen Pflanzen aus dem Mittelmeerraum, aus dem südlichen Afrika und den Küstenregionen Kaliforniens – inmitten von Olivenbäumen, Lavendelsträuchern und Kakteen fühlst du dich wie auf einer botanischen Weltreise. Ganz in der Nähe befindet sich der Japanska dammen, ein kleiner See, umgeben von fernöstlicher Flora, darunter Ahornbäume, Bambusarten und Zierkirschen. Die Gestaltung folgt dem Vorbild japanischer Gärten und sorgt für eine besonders meditative Stimmung.

Mitten im Garten lädt die Gamla Orangeriet – das ehemalige Palmenhaus – zum Verweilen ein. In dem liebevoll eingerichteten Restaurant mit Café kannst du unter Orangenbäumen sitzen oder auf der mit Kies bestreuten Terrasse Platz nehmen. Das Gebäude mit seiner warmen, orangefarbenen Fassade und der historischen Innenausstattung schafft ein stimmiges Ambiente. Serviert werden schwedische Klassiker wie Kanelbullar, frisch gebrühter Kaffee und Smörgås, ergänzt durch eine saisonale Mittagskarte mit vegetarischen und veganen Optionen.

Adresse: Bergianska Trädgården, Gustafsborgsvägen 4, 114 18 Stockholm; Öffnungszeiten: rund um die Uhr geöffnet, einige Gewächshäuser sind nur zu bestimmten Jahreszeiten offen

Anfahrt: Mit den öffentlichen Verkehrsmitteln brauchst du etwa acht Minuten von T-Centralen aus. Mit der Straßenbahnlinie 14 fährst du bis zur Haltestelle Universitetet. Danach läufst du noch rund zehn Minuten bis zum Haupteingang des botanischen Gartens. Mit dem Auto benötigst du für dieselbe Strecke etwa zwölf Minuten. Vor dem Hauptgebäude findest du einen kostenlosen Parkplatz.

#37 Kungsträdgården

... Blütenpracht, Brunnen und Begegnungen im Herzen von Norrmalm

Mitten in der dichten Bebauung des Stockholmer Stadtzentrums entfaltet sich im Kungsträdgården – liebevoll „Kungsan" genannt – ein grünes Stadtwohnzimmer, das bei Einheimischen wie Besuchern gleichermaßen beliebt ist. Der Königsgarten, wie er übersetzt heißt, gehört zu den ältesten Parkanlagen der Stadt und ist trotz seiner überschaubaren Größe ein bedeutender sozialer Treffpunkt in Norrmalm.

Sein Ursprung reicht bis ins 17. Jahrhundert zurück. Ursprünglich als privater Garten für das königliche Schloss konzipiert, war der Park lange Zeit nicht öffentlich zugänglich. Erst König Gustav III. öffnete ihn Ende des 18. Jahrhunderts für die Bevölkerung – ein damals fortschrittlicher Schritt, der dem Monarchen viel Sympathie einbrachte. Bis heute ist der Park ein Ort geblieben, an dem Menschen aller

Natur pur

Altersgruppen zusammenkommen, sei es für ein Picknick, einen Kaffee oder ein kurzes Sonnenbad in der Mittagspause.

Gestaltet ist der Kungsträdgården in mehreren Terrassenebenen, die dich sanft zu einem zentralen Wasserbecken mit kleinen Fontänen führen. Rund um das Becken tummeln sich oft Enten, Tauben und gelegentlich Möwen – und im Sommer Kinder, die mit Begeisterung am Wasser spielen. Entlang der breiten Wege wachsen Kastanien- und Lindenbäume, die im Frühling und Sommer Schatten spenden und im Herbst ein prachtvolles Farbspiel erzeugen. Auch Blumenkästen mit saisonaler Bepflanzung setzen farbliche Akzente – gepflegt und mit viel Liebe zum Detail gestaltet.

Das ganze Jahr über finden im Park Veranstaltungen und Festivals statt. Ein Höhepunkt ist das Smaka på Stockholm, eines der größten Streetfood-Festivals des Landes, das jedes Jahr Anfang Juni über fünf Tage hinweg stattfindet. Hier kannst du Spezialitäten aus aller Welt kosten, während lokale DJs und Musiker für Stimmung sorgen – ein lebendiger Kontrast zur ruhigen Parkatmosphäre. Ebenfalls im Juni feiern zahlreiche Abiturienten ausgelassen ihr studentexamen im Park – ein lautstarkes, aber fröhliches Ereignis, das zur Sommertradition in Stockholm gehört.

Im Winter verwandelt sich der Kungsträdgården in eine festliche Kulisse. Die Eislaufbahn, die ab November geöffnet ist, zieht Jung und Alt an und wird abends stimmungsvoll beleuchtet. Wer es lieber warm und trocken mag, schlendert die wenigen Schritte zum traditionsreichen Kaufhaus NK, dessen Schaufenster jedes Jahr zur Weihnachtszeit aufwendig dekoriert werden – ein Klassiker für Familienausflüge und nostalgische Spaziergänge.

DAS SOLLTEST DU WISSEN

Im südlichen Teil des Kungsträdgården steht seit 2015 eine bronzene Statue des schwedischen Musikers und Komponisten Anders Franzén – dem Mann, der das Wrack der Vasa entdeckte. Die Figur sitzt auf einer Bank, den Blick gedankenverloren Richtung Wasser gerichtet, und wird oft übersehen, obwohl sie einen wichtigen Bezug zur schwedischen Kulturgeschichte darstellt. Wer sich dazusetzen möchte, kann das tun: Die Statue ist bewusst so gestaltet, dass sie zum Verweilen und zur stillen Begegnung mit einem der wichtigsten Kulturforscher Schwedens einlädt.

Adresse: Kungsträdgården, Jussi Björlings allé, 111 47 Stockholm

Anfahrt: Wenn du dich vom Hauptbahnhof aus Richtung Vasa-Museum oder Djurgården aufmachst, passierst du automatisch den Kungsträdgården – eine willkommene Verschnaufpause auf dem Weg durch die Stadt. Vom Süden her gelangst du über die Strömbron vorbei an der Oper und den Königlichen Ställen in Richtung Gamla Stan, der Altstadt. Der Eintritt in den Park ist jederzeit frei und durch seine zentrale Lage erreichst du ihn problemlos mit der Tunnelbana (Haltestelle Kungsträdgården, blaue Linie)

#38 Schloss Rosendal

... grüne Oase mit Blüten, Bio-Café und königlichem Gewächshauszauber

Als Rückzugsort vom höfischen Trubel ließ sich König Karl XIV. Johann (1763–1844) auf der grünen Insel Djurgården ein Refugium errichten: Schloss Rosendal. Ursprünglich als Jagdschloss konzipiert, diente es dem Monarchen zur Erholung und zur Jagd im umliegenden Tiergarten. Heute ist das Schloss ein herausragendes Beispiel des schwedischen Empirestils, eingebettet in eine weitläufige Gartenanlage, die zu den schönsten Naherholungsgebieten Stockholms zählt.

Besucher erleben hier eine harmonische Verbindung aus Architektur, Natur und landwirtschaftlicher Tradition. Die Umgebung des Schlosses, der Rosendals Trädgård, ist eine botanische Oase, die mit Streuobstwiesen, Blumenbeeten, historischen Gewächshäusern und einer kleinen

Baumschule begeistert. Die Anlage wurde so gestaltet, dass sie das Ideal eines englischen Landschaftsparks mit praktischer Gartenwirtschaft verbindet. Besonders im Frühjahr und Sommer lohnt sich ein Spaziergang durch die blühenden Anlagen – doch auch im Herbst, wenn das Laub in goldenen Farben leuchtet, zeigt sich der Park von seiner stimmungsvollen Seite.

Ein beliebtes Fotomotiv ist das Blå porten (das Blaue Tor), der historische Zugang zum Gelände, das mit dem vergoldeten Emblem der römischen Jagdgöttin Diana verziert ist. Das Schloss selbst ist in den Sommermonaten für die Öffentlichkeit zugänglich und zeigt originalgetreu eingerichtete Räume, die Einblicke in die Lebenswelt des 19. Jahrhunderts bieten. Nur wenige Schritte entfernt befindet sich die hauseigene Bäckerei, die frisch gebackenes Brot aus dem Steinofen, Kuchen und saisonale Spezialitäten serviert – vieles davon mit Zutaten aus eigenem Anbau.

Ein besonders schöner Weg, um Schloss Rosendal und seine Umgebung zu erkunden, ist eine Fahrradtour rund um den Djurgårdsbrunnsviken. Die etwa 10–15 Kilometer lange Strecke führt dich vorbei an ruhigen Buchten, stillen Wäldern und gepflegten Parkanlagen. Nach der Überquerung der Djurgårdsbron kannst du direkt beim Fahrradverleih starten. Zu den Etappen entlang der Route zählen unter anderem Rosendals terrass, ein versteckter Park mit weiten Rasenflächen, sowie der Djurgårdens bokskog, ein naturnaher Buchenwald mit Grillplätzen und Picknickbänken. Besonders schön ist es am Aussichtspunkt Frihetens port, von dem du auf die südlich gelegene Saltsjöbucht blickst. Weiter im Norden triffst du auf Pferdekoppeln, Wanderwege und schließlich auf die Brücke Djurgårdsbrunnsbron, die dich zurück zum Ausgangspunkt führt.

Die Strecke lässt sich auch problemlos zu Fuß erkunden – in diesem Fall solltest du etwa 45 Minuten zusätzliche Zeit einplanen. Wer es besonders romantisch mag, folgt dem Kronprinsessan Victorias och Prins Daniels kärleksstig, einem etwa 390 Meter langen Spazierweg, der 2012 vom WWF als Geschenk zur königlichen Hochzeit angelegt wurde. Der sogenannte Liebespfad verläuft idyllisch am Wasser entlang und ist mit Informationstafeln zur Flora und Fauna des Sees Isbladskärret ausgestattet.

DAS SOLLTEST DU WISSEN
Westlich des Schlosses Rosendal findest du eine versteckte Orangerie aus dem frühen 19. Jahrhundert, die heute als kleiner Ausstellungsraum für saisonale Kunst- und Pflanzenpräsentationen genutzt wird. Die filigrane Eisen-Glas-Konstruktion wurde nach historischen Vorlagen restauriert und zeigt im Frühjahr seltene Zitruspflanzen sowie alte schwedische Apfelsorten.

Adresse: Schloss Rosendal, Rosendalsvägen 49, 115 21 Stockholm

Anfahrt: Mit dem Fahrrad brauchst du nur 14 Minuten vom Hauptbahnhof aus. Mit den öffentlichen Verkehrsmitteln sind es knapp 24 Minuten. Die Buslinie 69 bringt dich am schnellsten an dein Ziel.

Natur pur: Genieße die grüne Seele Stockholms

#39 Schärenstadt Vaxholm

... maritime Idylle, bunte Holzhäuser und das Tor zu den Schären

Die Schäreninseln liegen etwas außerhalb des Stadtzentrums und sind daher der ideale Kontrast zur bebauten Innenstadt. Die Stockholmer lieben es, mit einem Boot zu einer der östlich gelegenen Inseln zu fahren. Die meisten der rund 30.000 Inseln, die zum Stockholmer Schärengarten gehören, sind nicht bewohnt. Sie erstrecken sich über eine Fläche von etwa 80 Kilometern und bilden die größte Schäreninselgruppe Schwedens – eine Landschaft aus rauen Buchten, dichten Kiefernwäldern und offenen Meeresflächen, die sich hervorragend für Tagesausflüge in die Natur eignet. Die Einheimischen nennen dieses Küstenparadies liebevoll Skärgården.

Etwa eine Stunde und 15 Minuten dauert die Bootsfahrt von den zentralen Anlegern Strömkajen oder Slussen bis nach Vaxholm, der bekanntesten Insel im inneren Schärengarten. Im kleinen Hafenort mit seinen pastellfarbenen Holzhäusern laden zahlreiche Restaurants, Eisdielen und Cafés zum Verweilen ein. Bereits vom Wasser aus kannst du die imposante Vaxholms Festung erkennen, die heute als historisches Museum besichtigt werden kann. Ein gut ausgebauter Rundwanderweg von sieben Kilometern führt dich einmal um die Insel und zu ihren schönsten Ausblicken – vorbei an Fischerhütten, Badebuchten und dichten Wäldern.

Wer es abenteuerlicher mag, kann sich ein Kajak oder Motorboot ausleihen – viele Anbieter auf Vaxholm, Grinda oder Sandhamn ermöglichen es dir, kleinere Inseln auf eigene Faust zu erkunden. Bei Vaxholms Kanotcentral kostet ein Kajak-Tagesticket etwa 350

Natur pur

SEK, inklusive Paddel und Schwimmweste. Alternativ bietet Kajak & Uteliv auf Grinda auch Stundenverleih ab 180 SEK an, ebenso wie geführte Inselsafaris für Einsteiger. Wer lieber motorisiert unterwegs ist, kann bei Sandhamns Båttaxi & Charter ein kleines Motorboot ab rund 1.000 bis 1.500 SEK pro Halbtag mieten – abhängig von Ausstattung und Saison. Sicherheitseinweisung und Kartenmaterial sind in der Regel im Preis enthalten.

Nach deiner Tour durch die Schären bietet sich eine Pause an einem der zahlreichen Naturstränden an. Das klare, salzhaltige Brackwasser lädt zum Schwimmen, Schnorcheln oder Sonnenbaden ein. Besonders auf Inseln wie Utö, Grinda oder Nåttarö findest du gut ausgestattete Badestellen mit sanitären Anlagen, Grillplätzen und Umkleiden – perfekt für ein Picknick am Wasser. Viele Plätze sind leicht erreichbar, andere etwas abgeschiedener, was sie umso reizvoller macht.

Ein Vorteil des gut ausgebauten Verkehrsnetzes in den Schären ist das sogenannte Inselhopping. Wenn du mehrere Inseln entdecken möchtest, lohnt sich ein Plan mit festen Stopps. Für spontane Kurztrips empfiehlt sich zum Beispiel Fjäderholmarna, die nächstgelegene Schäreninsel, die du in unter 30 Minuten vom Stadtzentrum erreichst. Hier kannst du Glaskünstlern bei der Arbeit zusehen, in kleinen Manufakturen stöbern oder einfach die Ruhe am Wasser genießen. Danach ist es vielleicht schon Zeit für den nächsten Bootstransfer, bevor die Sonne langsam am Horizont versinkt.

DAS SOLLTEST DU WISSEN

Die Pendlerfährlinie 83 bringt dich in rund einer Stunde nach Vaxholm. Für die Fahrt ist ein normales Einzel- oder ein Hin- und Rückfahrtticket nötig und damit sehr kostengünstig. Das Boot ist nachhaltig gestaltet, denn es handelt sich seit einiger Zeit um eine E-Fähre. Zudem gibt es weitere Fähranbieter, die mit ihren Schär- oder Schnellbooten (namens Cinderella) mehrmals am Tag ab Strandvägen abfahren. Auf der Tour hörst du dir interessante Fakten, die auf Englisch und Schweden gehalten werden, über die Schäreninseln an. Das Wifi ist gratis nutzbar und es gibt saubere Toiletten an Bord. Achtung: An Bord ist eine Barzahlung nicht möglich! Das ist wichtig zu wissen, wenn du dir Getränke oder Speisen in der Cafeteria an Bord kaufst.

Adresse: zum Beispiel Cinderellaboats Terminal, Strandvägen 8, 114 56 Stockholm; Öffnungszeiten: Abfahrten mehrmals am Tag, zum Beispiel um 12 oder 15 Uhr

Anfahrt: Wenn du nicht mit dem Boot zu den Schäreninseln fahren möchtest, kommst du mit dem Bus innerhalb einer Stunde über den Landweg ans Ziel. Ab T-Centralen nimmst du die Straßenbahnlinie 14 und anschließend die Buslinie 670. Mit dem Auto fährst du dieselbe Strecke in unter 40 Minuten ab.

Preise: Für die einfache Bootsfahrt zahlen Erwachsene ab 180 SEK. Eine Hin- und Rückfahrt kostet dich 395 SEK (Stand: 2025). Kinder ab sechs Jahren bezahlen nur die Hälfte, jüngere Kinder sind kostenlos.

Natur pur: Genieße die grüne Seele Stockholms

KULINARISCHES

... Zimtschnecken, Sterneküche und das Herz auf dem Teller

Stockholm schmeckt nach mehr — nach Tradition, Kreativität und nordischer Raffinesse. Zwischen historischen Markthallen, modernen Food-Hotspots und gemütlichen Cafés zeigt sich die Stadt von ihrer geschmackvollsten Seite.

Ob ein klassisches Fika mit Kanelbulle, fangfrischer Fisch mit Blick aufs Wasser oder ein Menü im angesagten Fine-Dining-Restaurant – in Stockholm wird Essen zelebriert. Hier treffen regionale Zutaten auf innovatives Handwerk, und jede Mahlzeit wird zum Erlebnis. Von Streetfood bis Sterneküche: Die kulinarische Vielfalt der schwedischen Hauptstadt lädt zum Entdecken, Genießen und Schwelgen ein.

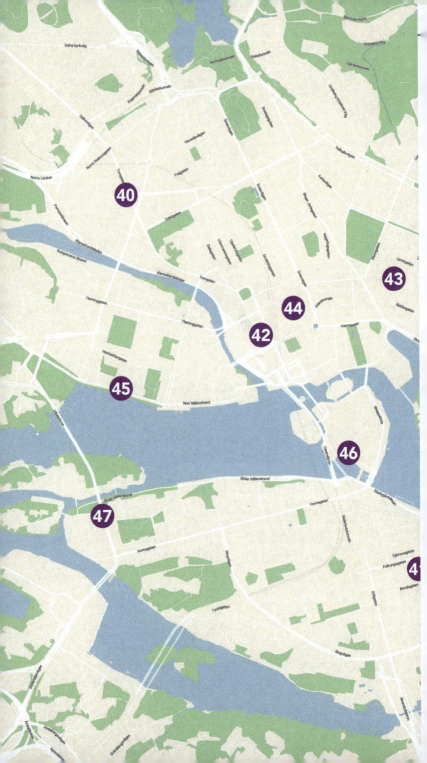

KULINARISCHES

#40 Café Systrarna Andersson
#41 Meatballs for the People
#42 ICEBAR Stockholm
#43 Östermalms Saluhall
#44 Hötorgshalle
#45 Mälarpaviljongen
#46 Gamla Stans Polkagriskokeri
#47 Lasse i Parken

#40 Traditionelle Fika

... Zimtschnecken, Kaffeegenuss und die süßeste aller schwedischen Pausen

„Vill du fika?" – was auf den ersten Blick wie ein scherzhaftes Schimpfwort klingt, ist in Wahrheit eine der herzlichsten Einladungen, die man dir in Schweden machen kann. Die wörtlich schwer zu übersetzende Frage bedeutet so viel wie: „Möchtest du eine Kaffeepause machen?" – und diese kleine Alltagstradition namens Fika ist den Schweden fast so wichtig wie das Mittagessen. Ob privat, im Freundeskreis oder am Arbeitsplatz: Fika ist fester Bestandteil des Tagesablaufs und bedeutet deutlich mehr als nur Kaffee trinken. Es steht für bewusste Auszeiten, für Gespräche ohne Hektik – und für richtig gutes Gebäck.

In vielen Stockholmer Cafés treffen sich die Menschen gegen 10 Uhr am Vormittag und erneut um 15 Uhr zur Fika. Besonders beliebt ist dabei der klassische Filterkaffee, der in Schweden kräftig, aromatisch und oft nach dunkler Röstung schmeckt. Dazu gehört fast immer etwas Süßes – allen voran die Kanelbulle, die Zimtschnecke. Ob luftig-weich mit Kardamom, knusprig-zimtig mit Hagelzucker oder mit Rosinen verfeinert – jede Bäckerei hat ihr eigenes Rezept, das oft seit Generationen weitergegeben wird.

An festlichen Tagen oder wenn man sich einfach etwas gönnen möchte, landet auch gerne ein Stück der be-

Kulinarisches

rühmten Prinsesstårta auf dem Teller. Diese kuppelartige Torte mit grünem Marzipanüberzug, einer Sahnefüllung, heller Biskuitbasis und fruchtiger Beerencreme ist ein Klassiker der schwedischen Konditorkunst. Getoppt wird sie traditionell mit einer kleinen Marzipanrose – und einem guten Kaffee natürlich.

DAS SOLLTEST DU WISSEN

Ein besonderer Tipp für Besucher: Mit dem Stockholm Go City Pass bekommst du im charmanten Café Systrarna Andersson in Vasastan einen Kaffee und ein Brötchen gratis. Das Café liegt ganz in der Nähe des grünen Vasaparken und ist für seine familiäre Atmosphäre und hausgemachten Leckereien bekannt. Du findest es in der Karlbergsvägen 45, 113 37 Stockholm. Geöffnet ist es werktags von 7 bis 18 Uhr, am Wochenende ab 8 Uhr. Die U-Bahnlinien 17, 18 oder 19 bringen dich in etwa zehn Minuten ab T-Centralen direkt in die Nähe.

Wer während einer Altstadt-Erkundung einkehren möchte, ist im beliebten Café Kaffekoppen am Stortorget in Gamla Stan gut aufgehoben. In dem historischen Gewölbe mit rotem Backsteinambiente genießt du Fika wie im Bilderbuch – inklusive Blick auf die bunten Giebelhäuser des ältesten Platzes der Stadt. Das Café befindet sich direkt am Platz unter der Adresse Stortorget 20, 111 29 Stockholm, und ist in der Regel täglich von 9 bis 20 Uhr geöffnet (Stand: 2025). Besonders im Sommer sind die Außenplätze begehrt – früh kommen lohnt sich.

Ein Fika kostet je nach Ort und Auswahl ab etwa 82 SEK (Stand 2025), kann aber auch zur ausgedehnten Kaffeestunde mit mehreren Gebäckstücken werden. Und egal, ob du morgens aufwachst oder nachmittags eine Pause brauchst: In Stockholm ist immer Zeit für Fika – am besten mit einer Kanelbulle in der Hand und einem Lächeln im Gesicht.

Kulinarische Highlights in Stockholm

#41 Köttbullar im Meatballs for the People
...Kultbällchen und schwedischer Geschmack mit Twist

Wenn es ein Gericht gibt, das Schweden kulinarisch auf die Weltkarte gesetzt hat, dann sind es zweifellos die Köttbullar. Die kleinen Fleischbällchen sind tief in der schwedischen Esskultur verwurzelt und gelten heute als echtes Nationalgericht. Tatsächlich finden sich Köttbullar in fast jedem Haushalt – sei es frisch zubereitet, tiefgefroren für hektische Wochentage oder als traditionelles Familienrezept, das über Generationen weitergegeben wird. Besonders an Feiertagen wie Weihnachten oder dem Mittsommerfest sind sie fester Bestandteil des Buffets.

Historisch gesehen kamen die Fleischbällchen vermutlich im 18. Jahrhundert nach Schweden – und zwar über König Karl XII., der während seines Exils im Osmanischen Reich das dortige Rezept für gebratene Fleischbällchen (köfte) kennenlernte und es nach seiner Rückkehr ins Königreich adaptieren ließ. Seither haben sich Köttbullar zu einem der bekanntesten Gerichte Skandinaviens entwickelt. In schwedischen Kochbüchern tauchen

Kulinarisches

sie seit dem 19. Jahrhundert regelmäßig auf, oft in Kombination mit Rahmsauce, Kartoffelpüree und Preiselbeeren – ein Zusammenspiel von herzhaft, cremig und fruchtig, das typisch für die nordische Küche ist.

Ein besonders authentisches Geschmackserlebnis erwartet dich im beliebten Restaurant Meatballs for the People im Szeneviertel Södermalm. Hier bekommst du Köttbullar nicht aus der Massenproduktion, sondern handgemacht aus nachhaltig produziertem Fleisch. Der Anspruch ist hoch: Jeder Bällchen-Typ basiert auf einem eigenen Rezept, das regelmäßig überarbeitet wird. Auf der Karte stehen neben der klassischen Version aus Rind und Schwein auch exotischere Varianten aus Rentier, Elch oder Wildschwein, ebenso wie Lachs-Köttbullar oder vegane Alternativen aus Hafer und Bohnen. Saisonale Angebote und kreative Neuinterpretationen – etwa mediterran gewürzt oder mit regionalen Kräutern – sorgen für Abwechslung.

Das modern eingerichtete Lokal ist nicht nur bei Touristen beliebt, sondern auch bei Einheimischen – die Küche ist offen, die Atmosphäre ungezwungen, das Getränkesortiment hochwertig. Hausgemachte Limonaden, schwedisches Craft-Beer, sorgfältig kuratierte Weine und Signature Cocktails runden das Geschmackserlebnis ab.

Adresse: Meatballs for the People, Nytorgsgatan 30, 116 40 Stockholm. Es hat täglich von 11 bis 23 Uhr geöffnet (Stand: 2025). Die Anfahrt ab T-Centralen erfolgt bequem mit den Straßenbahnlinien Richtung Nytorgsgatan, die dich in etwa 24 Minuten ans Ziel bringen. Mit dem Fahrrad erreichst du das Restaurant in nur 13 Minuten – ideal für eine kulinarische Pause nach einem Museumsbesuch oder Stadtbummel.

Preise: Die Gerichte starten bei etwa 245 SEK für 6 Meatballs, während ein Cocktail ab 185 SEK zu haben ist. Wer wissen will, wie vielseitig Köttbullar wirklich sein können, kommt hier voll auf seine Kosten.

Anfahrt: Ab T-Centralen erreichst du das Restaurant mit verschiedenen Straßenbahnlinien in rund 24 Minuten, mit dem Fahrrad in 13 Minuten.

Kulinarische Highlights in Stockholm

City Go Pass Stockholm

#42 ICEBAR Stockholm

... eiskalte Drinks und ein Erlebnis bei minus fünf Grad

Einen Ort aus purem Eis mitten in einer Großstadt zu betreten, ist ein Erlebnis, das man eher am Polarkreis als in einer Hauptstadt vermuten würde – doch genau das bietet dir die ICEBAR Stockholm. Sie war bei ihrer Eröffnung im Jahr 2002 die erste permanente Eisbar der Welt und hat sich seither zu einer festen Attraktion im Zentrum der Stadt entwickelt. Die Bar gehört zum Hotel C Stockholm direkt am Hauptbahnhof und ist mittlerweile ein international bekanntes Aushängeschild für kreative nordische Erlebnisgastronomie.

Kulinarisches

Was diese Bar so einzigartig macht, ist das Eis selbst: Es stammt nicht etwa aus Maschinen, sondern wird jedes Jahr frisch aus dem Torneälv, einem der letzten unberührten Flüsse Europas, in Jukkasjärvi in Nordschweden gewonnen. Dort, rund 200 Kilometer nördlich des Polarkreises, befindet sich das legendäre ICEHOTEL, das jeden Winter vollständig aus Schnee und Eis errichtet wird. Aus den gleichen, glasklaren Eisblöcken bauen speziell ausgebildete Eiskünstler des ICEHOTEL-Teams einmal jährlich auch die ICEBAR Stockholm neu auf – mit einem thematisch wechselnden Konzept.

Im Jahr 2025 steht die ICEBAR unter dem Motto „Stockholmer Schärengarten" (Skärgården). Die Innenräume werden durch kunstvoll handgeschnitzte Leuchttürme, Schärenfelsen, Kiefern und Meeresmotive geprägt – in Kombination mit atmosphärischer Beleuchtung entsteht eine frostige Miniaturwelt, die dem Besucher das Gefühl gibt, durch eine vereiste Landschaft zu spazieren. Selbst die Gläser, aus denen du deinen Drink genießt, sind aus massivem Eis gefertigt und müssen mit beiden Händen gehalten werden, damit sie nicht wegrutschen.

In der Bar herrschen konstant -5 °C, weshalb dir beim Einlass ein thermoisolierter Mantel mit Kapuze sowie dicke Handschuhe ausgehändigt werden. Trotz der Kälte bleibt der Aufenthalt angenehm – du solltest aber trotzdem wärmere Kleidung darunter tragen. Der Aufenthalt ist aus Sicherheits- und Logistikgründen auf etwa 45 bis maximal 60 Minuten begrenzt.

Die Speise- und Getränkekarte variiert regelmäßig und enthält sowohl alkoholische Cocktails mit schwedischen Spirituosen – etwa aus Blaubeerlikör oder Aquavit – als auch alkoholfreie Varianten wie Glögg oder hausgemachte Limonaden. Alles wird optisch so arrangiert, dass auch das Trinken zum Teil der Inszenierung wird.

DAS SOLLTEST DU WISSEN

Die Bar ist in der Regel von April bis Oktober geöffnet und kann bis zu 60 Personen gleichzeitig aufnehmen. Aufgrund der begrenzten Kapazität solltest du dir im Vorfeld ein Zeitfenster online reservieren – besonders in den Abendstunden und an Wochenenden ist die Nachfrage groß. Der letzte Einlass erfolgt 45 Minuten vor Schließung.

Adresse: ICEBAR, Vasaplan 4, 111 20 Stockholm; Öffnungszeiten: täglich von 13 bis 20 Uhr

Anfahrt: Vom Hauptbahnhof sind es nur wenige Schritte – ideal für eine Abkühlung nach einem warmen Sightseeing-Tag.

Preise: Erwachsene zahlen zwischen 210 und 265 SEK für den Eintritt (Stand: 2025). Der Preis variiert je nach Tag und Uhrzeit. Mit dem Stockholm Go City Pass erhältst du freien Eintritt mit einem kostenlosen Getränk im Wert von 280 SEK.

Kulinarische Highlights in Stockholm

#43 Östermalms Saluhall

... Markthalle mit kulinarischen Angeboten

Kein anderer Ort in Stockholm vereint kulinarische Tradition, frische Zutaten und historische Architektur so eindrucksvoll wie die Östermalms Saluhall. Die im Jahr 1888 eröffnete Markthalle liegt am oberen Ende des Strandvägen im eleganten Stadtteil Östermalm – einem der exklusivsten Viertel der schwedischen Hauptstadt. Bereits von außen zieht das auffällige Gebäude aus rotem Sandstein mit seinen spitz zulaufenden Fenstern und Türmen die Aufmerksamkeit auf sich. Entworfen wurde es von den Architekten Isak Gustaf Clason und Kasper Salin, die sich an italienischen Kirchenbauten orientierten – was der Halle ihre heute noch markante Silhouette verleiht.

Die Errichtung der Halle war für die damalige Zeit eine architektonische

Kulinarisches

Meisterleistung: Innerhalb nur eines Jahres wurde das Bauwerk fertiggestellt. Seitdem ist die Östermalmshalle fester Bestandteil des Stadtbildes und steht heute unter Denkmalschutz. Zwischen 2016 und 2020 war sie wegen umfassender Renovierungsarbeiten geschlossen. Die Herausforderung bestand darin, moderne Technik wie Elektrik, Belüftung und sanitäre Anlagen in das historische Gebäude zu integrieren, ohne dessen ursprüngliche Struktur zu verändern – ein Kraftakt, der jedoch gelungen ist. Heute erstrahlt die Halle in neuem Glanz, mit restaurierten Holzbögen, historischen Fliesen und originalen Eisenkonstruktionen aus dem 19. Jahrhundert.

Auf einer Fläche von rund 3.000 Quadratmetern findest du in der Östermalms Saluhall mehr als 17 Fachgeschäfte und Gastronomiebetriebe, viele davon in Familienbesitz seit mehreren Generationen. Die Atmosphäre ist lebendig, aber nie hektisch – und selbst Einheimische kommen gerne vorbei, um zu stöbern, einzukaufen oder sich zur Fika in einem der Cafés zu treffen. Neben frischem Fleisch, fangfrischem Fisch, Gebäck, Käse, Wild und Wildgeflügel findest du auch internationale Delikatessen, italienisches Trüffelöl, französische Pasteten oder belgische Pralinen.

Besonders bekannt ist die Halle für ihre ausgezeichnete Fischtheke bei Lisa Elmqvist, die es seit 1926 gibt. Der Stand beliefert nicht nur anspruchsvolle Kunden, sondern auch das schwedische Königshaus, das regelmäßig frische Meeresfrüchte wie Lachs, Aal, Hering, Austern und Hummer bestellt. Der Service ist persönlich, die Qualität kompromisslos. Wer nicht nur einkaufen, sondern direkt genießen möchte, findet im dazugehörigen Seafood-Bistro Sitzplätze – allerdings ist eine Reservierung besonders am Abend unbedingt empfehlenswert.

Wenn du etwas typisch Schwedisches probieren möchtest, bestelle den traditionellen Gravlax – gesalzener und mit Dill gebeizter Lachs, hauchdünn geschnitten, serviert auf einem Smörgås, dem skandinavischen Pendant zum Butterbrot. In Schweden wird das belegte Brot meist abends im Familienkreis gegessen, gerne mit einem Glas Bier oder Aquavit.

DAS SOLLTEST DU WISSEN
Die vielleicht besten schwedischen Zuckerkringel Stockholms bekommst du direkt in der kleinen Bäckerei neben der Eingangshalle – frisch gebacken, noch warm und herrlich duftend. Viele Einheimische machen den Umweg nur für dieses süße Hefegebäck, das außen knusprig und innen weich ist. Besonders beliebt sind die Varianten mit Zimt und mit Vanillecreme – beide ein Muss für alle, die echtes schwedisches Fika-Gefühl erleben wollen.

Adresse: Östermalms Saluhall, Östermalmsgatan 31, 114 39 Stockholm; Öffnungszeiten Mo - Sa von 9.30 bis 19 Uhr, samstags nur bis 17 Uhr geöffnet

Anfahrt: Ab T-Centralen nimmst du die Straßenbahnlinie 13 oder 14 bis zur Haltestelle Östermamlmstorg. Von dort sind es nur noch wenige Meter. Zu Fuß brauchst du von T-Centralen aus rund 20 Minuten.

City Go Pass Stockholm

#44 Hötorgshallen

... kulinarische Schätze aus aller Welt unter einem Dach

Im Schatten der prominenten Östermalms Saluhall verborgen, gelten die Hötorgshallen als echter Geheimtipp für alle, die in Stockholm kulinarisch auf Entdeckungstour gehen möchten – abseits der üblichen Touristenpfade. Obwohl sie nur etwa 15 Gehminuten von ihrer berühmteren Schwesterhalle entfernt liegen, sind die Hötorgshallen eher bei Einheimischen als bei Reisenden bekannt. Das macht sie zu einem lohnenden Ziel für alle, die Wert auf authentische Begegnungen, ehrliche Preise und bodenständige Qualität legen. Gelegen ist die Markthalle direkt am belebten Sergels torg, gegenüber vom Paradox Museum – ein zentraler Ort, den du bei einem Stadtspaziergang kaum verfehlen kannst.

57 unvergleichliche Erlebnisse

Kulinarisches

Der Name Hötorgshallen bedeutet übersetzt „Heumarkthalle" und verweist auf die landwirtschaftliche Vergangenheit des Geländes. Bereits in den 1880er Jahren wurden hier die ersten Stände aufgebaut, wobei einige der heutigen Marktstände tatsächlich auf eine über 100-jährige Geschichte zurückblicken. Heute präsentiert sich die Halle modern, gepflegt und übersichtlich – von Nostalgie keine Spur, auch wenn die Verankerung in der Stockholmer Alltagskultur deutlich spürbar bleibt.

Etwa 40 Händler und Gastronomiebetriebe verteilen sich auf zwei Ebenen, wobei sich das Herz der Markthalle im Untergeschoss befindet. Hier bekommst du frischen Fisch, Fleisch, Käse, Obst und Gemüse, Gewürze und internationale Delikatessen – vieles davon zum Probieren direkt am Stand. Anders als in der Östermalmshalle liegt der Fokus hier weniger auf edlen Spezialitäten, sondern auf Vielfalt und Weltküche, was die Hötorgshallen zu einem Schmelztiegel kulinarischer Einflüsse macht.

In der oberen Ebene findest du Cafés, Imbissstände und kleine Restaurants, die warme und kalte Speisen aus aller Welt servieren. Besonders beliebt sind hier etwa Sushi-Variationen, vietnamesische Sommerrollen, italienische Antipasti oder frisch gebackenes syrisches Fladenbrot. Wer es süß mag, wird bei hausgemachtem Gelato, finnischem Lakritz oder französischem Gebäck fündig. Die Preise sind vergleichsweise günstig, vor allem gemessen an der Qualität und Frische der Zutaten.

Ein zusätzlicher Reiz: Bei schönem Wetter bietet sich der nahegelegene Sergels torg als perfekter Ort an, um sich mit den frisch erworbenen Speisen unter die Einheimischen zu mischen. Viele Schweden holen sich zur Mittagszeit eine Portion Ramen, einen belegten Smörgås oder ein orientalisches Linsengericht und setzen sich draußen auf die Stufen, um zu essen und das Stadtleben zu beobachten. Genau hier zeigt sich die ungekünstelte, weltoffene Seite Stockholms – ganz ohne Postkartenkulisse, dafür mit echtem Charakter.

DAS SOLLTEST DU WISSEN

Wenn du in den Hötorgshallen bist, solltest du unbedingt beim kleinen Stand „Hellbergs Fågel & Vilt" im Untergeschoss vorbeischauen. Dort bekommst du saisonale Spezialitäten wie geräuchertes Elchfleisch, Rentiersalami oder Wildpasteten aus nordschwedischer Jagd – alles direkt vom Familienbetrieb aus Jämtland geliefert. Besonders empfehlenswert sind die vakuumverpackten Portionen, die sich ideal als kulinarisches Mitbringsel eignen.

Adresse: Hötorgshallen, Sergels torg 29, 111 57 Stockholm; Öffnungszeiten: Mo - Sa von 10 bis 19 Uhr, freitags bis 20 Uhr und samstags nur bis 17 Uhr geöffnet

Anfahrt: Von T-Centralen aus läufst du keine sechs Minuten bis zu den Hötorgshallen. Die nächste Tunnelbana-Station lautet Hötorget. Der Marktplatz liegt also sehr zentral, was ihn zu einem beliebten Treffpunkt und Einkaufsort macht.

Kulinarische Highlights in Stockholm

#45 Schicke Strandbars

... Sonnenuntergang, Sundowner und skandinavischer Sommerflair am Wasser

Die Hauptstadt Schwedens überzeugt nicht nur mit historischen Sehenswürdigkeiten, sondern auch mit einer Vielzahl an Flaniermeilen entlang des Wassers, die zum Verweilen, Genießen und Beobachten des Stadtlebens einladen. Gerade im Sommer zieht es viele Einheimische und Besucher an die Ufer – sei es zum Spaziergang, Sundowner oder Abendessen. Überall entlang der Wasserlinien findest du Strandbars, Restaurants und Cafés, die dir warme Speisen, erfrischende Getränke und traumhafte Ausblicke auf die Ostsee oder die innerstädtischen Buchten servieren.

Ein besonders beliebter Ort ist der elegante Strandvägen, eine der prachtvollsten Straßen Stockholms. Die dort gelegenen Wasserterrassen und Bars punkten mit direktem Blick auf die Saltsjön-Bucht, die die Altstadt mit der offenen Ostsee verbindet. Aufgrund der zentralen Lage und der Nähe zu Sehenswürdigkeiten wie dem Königlichen Dramatischen Theater oder dem Nybroplan sind diese Lokale häufig gut besucht – rechtzeitige Reservierungen sind besonders an warmen Abenden und Wochenenden empfehlenswert.

Ein bekanntes Beispiel ist die stilvolle Strandbryggan Sea Club Bar an der Adresse Strandvägen 56, 114 56 Stockholm. Direkt auf dem Wasser gebaut,

Kulinarisches

genießt du hier mediterrane Küche, erfrischende Cocktails, Roséwein oder lokale Craft-Biere mit Panoramablick auf die vorbeiziehenden Boote. Die Bar hat in der Regel von Mai bis September täglich von 11:30 bis 23:00 Uhr geöffnet (je nach Wetterlage). Auch alkoholfreie Schorlen mit Preiselbeeren, Holunder oder Sanddorn sind beliebt – nicht zuletzt wegen des wachsenden Gesundheitsbewusstseins in Schweden.

Auch die Promenade Norr Mälarstrand auf der Insel Kungsholmen ist ein Hotspot für laue Abende. Hier reihen sich Strandbars, Terrassencafés und Kioske direkt am Wasser aneinander – mit Blick auf den Riddarfjärden und hinüber nach Södermalm. Die Preise sind hier oft etwas günstiger als in Östermalm, die Atmosphäre dafür entspannter. Besonders charmant ist das Loopen Marina Café & Bar an der Adresse Hornstulls strand 6, 117 39 Stockholm, das im Stil eines maritimen Bootsschuppens eingerichtet ist. Geöffnet ist es von April bis Oktober, täglich ab 12:00 Uhr bis spät abends, abhängig vom Wetter. Hier bekommst du Fish & Chips, Veggie-Burger, Bier vom Fass und Cocktails – direkt am Kai auf einer schwimmenden Plattform.

Wer es ruhiger und grüner mag, sollte sich das versteckt gelegene Mälarpaviljongen nicht entgehen lassen. Die Anlage liegt idyllisch an einem Holzsteg direkt am Ufer des Riddarfjärden, mit Blick auf Langholmen und Södermalm. Ein kleiner Garten mit gemütlichen Sofas, Blumen und Skulpturen schafft eine fast meditative Atmosphäre – ideal für ein spätes Mittagessen oder einen Aperitif bei Sonnenuntergang. Die Küche serviert klassische schwedische Speisen wie Köttbullar, Räucherlachs, Hering oder Sommersalate. Adresse: Norr Mälarstrand 64, 112 35 Stockholm. Die Saison beginnt meist im April und endet im September, geöffnet ist täglich von 11:00 bis ca. 23:00 Uhr (wetterabhängig).

Die Preise in den Strandbars und Wasserrestaurants Stockholms variieren je nach Lage, Konzept und Auswahl. Für ein Glas Rosé oder einen Cocktail zahlst du durchschnittlich zwischen 130 und 180 SEK, ein lokales Craft-Beer liegt meist bei 90 bis 120 SEK. Alkoholfreie Getränke wie Preiselbeer-Schorlen, Zitronenwasser oder hausgemachte Limonaden kosten etwa 60 bis 85 SEK. Warme Speisen – wie Fischgerichte, Smörgås oder vegetarische Bowls – bewegen sich preislich zwischen 160 und 250 SEK. Besonders an beliebten Orten wie dem Strandvägen oder bei Veranstaltungen können die Preise leicht ansteigen.

Viele Lokale bieten saisonale Spezialitäten an: Im Frühsommer stehen häufig gebeizter Lachs mit frischem Dill, Erdbeer-Desserts oder leichte Sommersalate mit Spargel auf der Karte. Im Spätsommer kommen Krustentiere wie Flusskrebse (kräftor) ins Spiel – traditionell mit Schnaps und Gesang genossen. Einige Bars veranstalten außerdem kräftskivor, die beliebten schwedischen Krebsfeste. Auch Live-Musik, DJ-Abende oder Afterwork-Events gehören im Sommer regelmäßig zum Programm. Es lohnt sich, im Voraus einen Blick auf die jeweiligen Webseiten oder sozialen Medien der Lokale zu werfen, um über geplante Highlights und mögliche Preisspecials informiert zu sein.

#46 Polkagris

... Rot-weißer Zuckerspaß mit Tradition

Genau wie alle anderen Schweden lieben auch die Stockholmer ihre Süßigkeiten – und das nicht zu knapp. Schweden zählt zu den Ländern mit dem weltweit höchsten Pro-Kopf-Verbrauch an Süßwaren, obwohl der Zuckerkonsum in den letzten Jahren leicht zurückgegangen ist. Grund dafür ist nicht etwa eine neue Lust auf Diäten, sondern ein bewussterer Umgang mit Naschwerk, der sich im Konzept des sogenannten Lördagsgodis – also dem „Süßigkeiten-Samstag" – widerspiegelt. Seit den 1950er Jahren wird Kindern (und mittlerweile auch Erwachsenen) empfohlen, nur einmal pro Woche Süßigkeiten zu essen, um die Zahngesundheit zu fördern. Aus dieser medizinischen Empfehlung hat sich eine beliebte Tradition entwickelt, bei der am Samstag ausgiebig geschlemmt werden darf – mit Lakritz, sauren Gummis, Marshmallows, harten Bonbons oder dem Klassiker: den Polkagris.

Die rot-weißen Zuckerstangen, deren Name wörtlich übersetzt „Polkaschweinchen" bedeutet, gehören zu den bekanntesten traditionellen Süßigkeiten des Landes. Ursprünglich stammen sie aus dem kleinen Ort Gränna am Vätternsee, doch auch in Stockholm findest du eine der schönsten Manufakturen dieser Art: die Polkagriskokeri in Gamla Stan. Der kleine Laden liegt mitten in der Altstadt in der

Kulinarisches

Västerlånggatan 9, 111 29 Stockholm, und ist eine gelungene Mischung aus Verkaufsraum, Schauküche und Workshop-Werkstatt. Geöffnet ist die Manufaktur in der Regel täglich von 10 bis 18 Uhr, im Sommer teilweise länger (Stand: 2025).

Bereits beim Eintreten schlägt dir der süße Duft von Minze, Vanille und Karamell entgegen. Hinter einer Glasscheibe kannst du live zusehen, wie die zähflüssige Zuckermasse auf eine heiße Platte gegossen, gezogen und gedreht wird, bis sie die typischen Spiralmuster annimmt. Das Handwerk erfordert viel Kraft und Präzision – nicht zuletzt, weil die Masse beim Verarbeiten schnell abkühlt. Kleine Kostproben am Tresen sind häufig ausdrücklich erwünscht, und wer noch tiefer eintauchen möchte, kann an einem der Workshops teilnehmen, bei denen du deine eigene Zuckerstange gestalten darfst.

Die Preise für handgefertigte Bonbons und Lollis liegen je nach Größe und Sorte zwischen 40 und 120 SEK, bei größeren Mengen sind Rabatte möglich – einfach an der Kasse nach Sonderangeboten fragen. Natürlich sind die Süßigkeiten hier etwas teurer als im Supermarkt, doch dafür erhältst du echte Handwerkskunst und ein einmaliges Erlebnis obendrauf. Die hübsch verpackten Polkagris eignen sich außerdem hervorragend als Mitbringsel oder Souvenir – typisch schwedisch, farbenfroh und garantiert lecker.

Adresse: Gamla Stans Polkagriskokeri, Stora Nygatan 44, 111 27 Stockholm; Öffnungszeiten: täglich von 10 bis 18 Uhr

Anfahrt: Fahre mit einer der Straßenbahnlinien ab T-Centralen bis zur Haltestelle von Gamla Stan. Von dort sind es nur noch 250 Meter, die du in rund vier Minuten gelaufen bist.

Kulinarische Highlights in Stockholm

#47 Hausmannskost

... herzhaft, ehrlich und voll nordischer Geborgenheit

Die Stockholmer sind mit Hausmannskost – auf Schwedisch „Husmanskost" – groß geworden, und obwohl die nordische Küche durch die „New Nordic Cuisine" international an Bedeutung gewonnen hat, schätzen viele Einheimische noch immer die traditionellen Gerichte. Die schwedische Alltagsküche ist einfach, sättigend und saisonal geprägt – oft mit Zutaten aus der unmittelbaren Umgebung. Frischer Fisch aus der Ostsee, Wurzelgemüse, Kartoffeln, Eier und Milchprodukte stehen regelmäßig auf dem Speiseplan. Vor allem das gemeinsame Abendessen, das sogenannte middag, hat einen hohen Stellenwert. Dabei wird häufig kein aufwendiges Menü gekocht, sondern reichhaltig belegte Brote – sogenannte Smörgås – serviert. Sie bestehen meist aus Roggen- oder Knäckebrot, werden mit Butter bestrichen und mit gekochtem Ei, Lachs, Hering, Krabben, Käse, Wurst oder vegetarischen Aufstrichen belegt. Frischer Dill, Petersilie, Gurke oder Salatblätter ergänzen die Brote.

In vielen Cafés und Bistros der Stadt sind Smörgås ein fester Bestandteil der Speisekarte – etwa im Café Saturnus, bekannt für seine großen Zimtschnecken und klassisch belegten Brote (Eriksbergsgatan 6, 114 30 Stockholm; täglich geöffnet von 07:30 bis 17:00 Uhr). Die Preise für ein Smörgås liegen dort bei rund 85 bis 130 SEK (Stand: 2025).

Kulinarisches

Ein kulinarisches Highlight ist das Smörgåsbord, ein traditionelles Buffet, das ursprünglich von wohlhabenden Familien zu festlichen Anlässen serviert wurde. Heute findest du es vor allem an Feiertagen wie Weihnachten („Julbord") oder Mittsommer, aber auch als Lunchangebot in ausgewählten Restaurants. Das Smörgåsbord besteht typischerweise aus kaltgeräuchertem oder eingelegtem Fisch, verschiedenen Brotsorten, Wurstwaren, Eierspeisen, warmen Beilagen wie Omelette, Bratwurst oder vegetarischen Gratins sowie einer Dessertauswahl. Zu den Klassikern gehören Mandelkuchen, Käsekuchen oder Kanelbullar. Begleitet wird das Mahl häufig von Bier, Aquavit oder Preiselbeerschorle.

Ein bekanntes Restaurant, das das Smörgåsbord anbietet, ist das historische Grand Hôtel Stockholm, dessen Restaurant Veranda besonders für sein festliches Julbord bekannt ist (Södra Blasieholmshamnen 8, 103 27 Stockholm). Hier wird das Smörgåsbord während der Adventszeit zelebriert – in einer exklusiven Version mit über 70 Komponenten. Preise: ca. 795 SEK pro Person für Lunch, bis zu 1.395 SEK für das Abend-Julbord mit Getränken. Reservierungen sind notwendig, besonders im November und Dezember, wenn Firmen und Familien ihre Weihnachtsessen planen.

Ein weiteres, charmantes Beispiel ist Lasse i Parken (Högalidsgatan 56, 117 30 Stockholm; geöffnet von Mittwoch bis Sonntag, 11:00–21:00 Uhr). In der roten Holzvilla aus dem 17. Jahrhundert wird in den Sommermonaten ein saisonales Smörgåsbord im Innenhof serviert, umgeben von Wildblumen und Apfelbäumen. Besonders beliebt ist hier das Midsommar-Buffet mit frischen Matjesfilets, Erdbeertorte und Sommerbier. Die Preise bewegen sich bei etwa 285 SEK für das Mittagsbuffet, Kinder zahlen die Hälfte.

Ein Tipp für Fischliebhaber ist auch das Restaurang Tradition in Gamla Stan (Österlånggatan 1, 111 31 Stockholm), das ganzjährig klassische Husmanskost in modernem Ambiente serviert. Hier bekommst du nicht nur Hering in Variationen, sondern auch ein saisonal angepasstes Mini-Smörgåsbord auf Anfrage – perfekt für alle, die einmal „alles" probieren möchten. Geöffnet ist es täglich von 11:30 bis 22:00 Uhr, Hauptgerichte liegen preislich zwischen 165 und 245 SEK.

Wenn du ein Smörgåsbord besuchst, solltest du die Essreihenfolge beachten: Zuerst wählt man kalte Fischgerichte, dann Wurst und Käse, gefolgt von warmen Speisen – zum Abschluss das Dessert. Dieser Ablauf ist mehr als Tradition: Er wurde bereits zur Zeit der Olympischen Spiele 1912 international bekannt, als das Smörgåsbord im Rahmen der offiziellen Verpflegung an Bedeutung gewann.

In vielen Lokalen gibt es saisonale Varianten: Im Winter das Julbord mit Lussekatter (Safranbrötchen), Julskinka (Weihnachtsschinken) und Milchreis mit versteckter Mandel, im Sommer das Midsommar-Buffet mit Erdbeeren, jungem Hering und frischen Kräutern. Wer diese Traditionen erleben will, sollte einen Tisch frühzeitig reservieren – besonders in den Monaten Juni sowie November bis Dezember.

Kulinarische Highlights in Stockholm

TYPISCH STOCKHOLM

... zwischen Mittsommernacht und Etikette – Stockholm, wie es wirklich ist

Manche Erlebnisse kannst du nur hier machen – sie riechen nach Sommerblumen, klingen nach schwedischen Volksliedern und fühlen sich an wie eine Zeitreise. Stockholm hat seine ganz eigenen Momente, die mehr sind als Sehenswürdigkeiten: Es sind lebendige Traditionen, stille Rituale und festliche Augenblicke, die das wahre Gesicht der Stadt zeigen.

Ob du bei der Wachablösung vor dem Königlichen Schloss ins Staunen gerätst, bei einer Nachtführung durch Gamla Stan Gänsehaut bekommst oder zur Mittsommernacht mit Einheimischen um die Maistange tanzt – hier bist du mittendrin im echten Stockholm. Auch die festlich geschmückten Weihnachtsmärkte, eine königliche Kanaltour oder das erste Lucia-Lied im Dezember erzählen Geschichten, die man nicht googeln, sondern nur erleben kann.

TYPISCH STOCKHOLM

#49 Ocean Bus Stockholm
#50 Järnpojke
#51 Stromma
#52 SUS
#53 Konserthuset
#54 Stockholm Ghost Walk Gamla Stan
#56 Kaltbadehaus Hellasgården
#57 Weihnachtsmarkt Gamla Stan

#48 Wachablöse

... Marschmusik, Uniformen und königliches Spektakel

Die Stockholmer sind stolz auf ihre royale Königsfamilie, die zu den beliebtesten europäischen Königshäusern zählt. Die prachtvollen Schlösser in Stockholm und Umgebung versprühen den besonderen Glanz, der mit der schwedischen Krone einhergeht.

Wie auch die Wachablöse am Buckingham Palace in London ist die tägliche Wachablösung im Schlosshof ein absolutes Spektakel für Einheimische und Reisende. Das Kungliga slottet hat 605 Zimmer - und damit eins mehr als der Buckingham Palace. Im Schloss finden nur noch Staatsempfänge statt, denn die Königsfamilie wohnt seit 1982 auf dem Schloss Drottningholm.

Da das Kungliga slottet als eines der Wahrzeichen der Stadt fungiert, ist es noch heute gut bewacht. Vor dem Haupttor steht die königliche Wache, die täglich in der Mittagszeit eine Wachablöse zelebriert. Die uniformierten Männer sind von Kanonen, Fahnenträgern und einem Reiterkorps mit Musikinstrumenten umgeben. Dabei spielen militärische Rituale eine wichtige Rolle, die du nur selten auf der Welt miterlebst.

Ein kleiner Zaun trennt dich vom äußeren Innenhof, weshalb du dir unbedingt frühzeitig einen Stehplatz sichern solltest. Andernfalls stehst du in zweiter oder dritter Reihe.

Die Wacheparade reitet in den Sommermonaten durch die Gassen von Gamla Stan bis zum Schloss und spielt ab und an bekannte Lieder von der schwedischen Band ABBA.

Adresse: Kungliga slottet, 107 70 Stockholm; montags bis samstags um 12.15 Uhr, sonntags und feiertags um 13.15 Uhr

Typisch Stockholm

#49 Amphibienbus
... Sightseeing zu Land und zu Wasser

Der Ocean Bus in Stockholm ist eine der ungewöhnlichsten und zugleich unterhaltsamsten Möglichkeiten, die Stadt zu erkunden. Es handelt sich dabei um einen speziell umgebauten Amphibienbus, der sowohl auf den Straßen als auch auf dem Wasser fahren kann – ein Konzept, das ursprünglich in den USA entwickelt wurde und seit 2014 auch in der schwedischen Hauptstadt für Aufsehen sorgt. Die Tour startet in zentraler Lage, am Kungsträdgården in der Nähe der Stockholmer Oper, direkt neben der Haltestelle „Kungsträdgården" der U-Bahnlinie 10.

Die Fahrt dauert etwa 60 Minuten, davon rund 35 Minuten an Land und etwa 25 Minuten auf dem Wasser. Zunächst geht es vorbei an bekannten Sehenswürdigkeiten wie dem Königlichen Schloss, dem Parlament, dem Grand Hôtel, dem Nationalmuseum und durch das elegante Stadtviertel Östermalm. Dabei erläutert ein englischsprachiger Guide unterhaltsam und informativ historische und kulturelle Hintergründe – mit einem Mix aus Fakten, Anekdoten und Humor. Der Moment, in dem der Bus schließlich in den Djurgårdsbrunnsviken eintaucht, ist für viele Passagiere der Höhepunkt: Unter lautem Jauchzen gleitet der Ocean Bus ins Wasser, während sich Stockholm nun aus einer ganz neuen Perspektive präsentiert.

Vom Wasser aus fährst du entlang der Museumsinsel Djurgården, siehst das imposante Vasa-Museum vom Heck, das ABBA-Museum, das Nordiska museet sowie den Freizeitpark Gröna Lund. Auch die Insel Skeppsholmen mit ihren historischen Segelschiffen und dem Moderna museet kommt in Sicht. Danach kehrt der Bus an seinen Ausgangspunkt zurück.

Der Bus bietet Platz für 42 Personen. Kinder unter drei Jahren dürfen aus Sicherheitsgründen nicht mitfahren, da das Fahrzeug nicht über Babysitze verfügt und Schwimmwesten in dieser Altersklasse nicht empfohlen sind.

DAS SOLLTEST DU WISSEN
Die Tour ist nur in der Saison von April bis Oktober möglich! Eine kostenlose Umbuchung oder Stornierung ist bis zu 24 Stunden vorher möglich.

Adresse: Ocean Bus, Strömgatan 3, 111 52 Stockholm; Öffnungszeiten: täglich von 10 bis 19 Uhr

Anfahrt: Von T-Centralen aus nimmst du die Buslinie 69, die dich in acht Minuten zur Haltestelle Gustav Adolfs torg bringt.

Preise: Erwachsene bezahlen 360 SEK und Kinder ab drei Jahren kosten 290 SEK (Stand: 2025).

#50 Järnpojke

... die kleinste Skulptur Stockholms bringt dir Glück

Mit gerade einmal 15 Zentimetern Höhe ist er leicht zu übersehen – und doch zählt er zu den heimlich beliebtesten Sehenswürdigkeiten Stockholms: der Eisenjunge Järnpojke, auch liebevoll „Lilla pojken som tittar på månen" genannt – also „Der kleine Junge, der den Mond anschaut". Die kleine Bronzeskulptur sitzt auf einer quadratischen Eisenplatte in einem stillen Innenhof hinter der Finnischen Kirche (Finska Kyrkan) in Gamla Stan, wenige Schritte vom Königlichen Schloss entfernt. Wer ihn finden will, muss genau hinschauen: Er sitzt unscheinbar unter freiem Himmel im Hof der Bollhusgränd, unweit der Adresse Trångsund 1, 111 29 Stockholm.

Der Künstler hinter dem Werk ist der renommierte schwedische Bildhauer Liss Eriksson (1919–2000). Er erschuf die Figur bereits im Jahr 1954, stellte sie aber erst 1967 an ihrem heutigen Ort im Schatten der Kirche öffentlich auf. Die Skulptur gilt als eine der letzten Arbeiten des Künstlers in kleiner Dimension – seine sonst oft lebensgroßen Werke stehen unter anderem im Moderna Museet oder auf öffentlichen Plätzen in Schweden. Der Eisenjunge ist dagegen still, intim und fast privat – was auch zur Idee hinter dem Werk passt: ein Junge, der ganz versunken nach oben schaut, als würde er sich in seine Träume flüchten oder den Mond betrachten. Eriksson selbst erklärte später, dass die Figur eine Mischung aus Melancholie und Hoffnung darstellen sollte.

Die Figur wurde über die Jahre zum inoffiziellen Glücksbringer. Viele Besucher legen eine Münze auf die Eisenplatte oder berühren den Kopf des Jungen sanft, um sich etwas zu wünschen. Manche legen ihm kleine Mützen oder Schals um – besonders im Winter –, was von den Anwohnern und Mitarbeitern der Kirche geduldet oder sogar liebevoll unterstützt wird. Die Kleidung verschwindet manchmal, wird aber oft ersetzt, sodass der Junge auch in der kalten Jahreszeit nicht frieren muss. Mittlerweile gibt es sogar einen kleinen Brauch: Wer einen Wunsch äußert, sollte leise sein und dem Jungen in die gleiche Richtung folgen – zum Mond.

Der Standort selbst hat ebenfalls historische Bedeutung: Die kleine Anlage liegt auf dem Areal des ehemaligen Ballspielhauses (Bollhuset), das im 17. Jahrhundert für königliche Sportveranstaltungen genutzt wurde. Die Finnische Kirche, die sich direkt dahinter erhebt, war ursprünglich ein Lagerhaus und wurde 1725 der finnischen Gemeinde überlassen. Bis heute dient sie als Ort für Gottesdienste und Kulturveranstaltungen für die finnischsprachige Minderheit in Schweden, die historisch eng mit der Geschichte des Königreichs verbunden ist. Sie besitzt keinen klassischen Glockenturm, aber das goldene Kreuz auf dem Dach ist ein beliebtes Fotomotiv – besonders im Zusammenspiel mit dem Eisenjungen im Vordergrund.

Der Eisenjunge ist ein Paradebeispiel dafür, dass Größe nichts mit Bedeutung zu tun hat. Mit seinem stillen Blick zum Himmel, seiner melancholischen Pose und der um ihn entstandenen Symbolik ist er für viele Reisende ein Ort der Stille, Hoffnung und Wünsche – und damit ganz zu Recht eine der charmantesten Attraktionen Stockholms.

Adresse: Järnpojke, Trädgårdsgatan 2, 111 31 Stockholm; Der Besuch ist kostenlos und rund um die Uhr möglich – allerdings solltest du auf Respekt und Ruhe achten, da es sich um einen besinnlichen Ort handelt, nicht um ein klassisches Fotomotiv.

Anfahrt: Du erreichst die Skulptur am besten über die U-Bahn-Station Gamla Stan oder vom Königlichen Schloss aus zu Fuß in etwa 5 Minuten. Der Weg führt dich durch schmale Gassen wie Trångsund und Bollhusgränd, die typisch für die mittelalterliche Struktur der Altstadt sind.

#51 Königliche Kanaltour
... Paläste, Parks und Panorama

Die königliche Djurgården-Bootstour beginnt am zentralen Anleger Strömkajen, gegenüber vom Grand Hôtel und nur wenige Meter vom Königlichen Schloss entfernt. Die Fahrt dauert etwa 50 Minuten und führt durch den innerstädtischen Djurgården-Kanal, vorbei an bedeutenden Bauwerken und Inseln, die zum Stadtbild gehören. Dabei umrundest du große Teile der Museumsinsel Djurgården und erhältst vom Wasser aus einen strukturierten Überblick über die verschiedenen Stadtteile entlang des Ufers. Der Audioguide an Bord erklärt Sehenswürdigkeiten und Hintergründe in zehn Sprachen, darunter auch auf Deutsch. Die Boote sind verglast, teilweise mit offenen Bereichen, und bei gutem Wetter empfiehlt sich ein Platz im Freien, um die Aussicht uneingeschränkt zu genießen.

Nach dem Ablegen passiert das Boot zunächst das Königliche Schloss, das in seiner Form und Ausdehnung erst vom Wasser aus in voller Größe erkennbar wird. Dahinter folgt das Nationalmuseum, dessen Fassade sich am Vormittag im Wasser spiegelt. Beim Passieren der Skeppsholmsbron erkennst du das goldene Kronensymbol auf dem Brückengeländer – ein häufig fotografiertes Detail. Die Fahrt führt dann in den schmalen, künstlich angelegten Djurgården-Kanal, der den inneren Teil der Museumsinsel durchquert. Hier verändert sich die Umgebung deutlich: Das Ufer ist von Laubbäumen gesäumt, einige private Bootsstege und alte Lagerhäuser zeigen, dass dieser Abschnitt früher stärker genutzt wurde. Heute passieren nur noch Ausflugsboote und Kajaks den Kanal.

Auf der linken Seite liegt das Gelände des Gartens Rosendals Trädgård. Später folgen das Prinz-Eugen-Museum Waldemarsudde und das Thielska Galleriet, das du ebenfalls vom Boot aus erkennen kannst. Nachdem du den Kanal durchquert hast, öffnet sich der Blick wieder aufs freie Wasser. Jetzt erscheint die Rückseite des Vasa-Museums. An dieser Stelle liegt das ehemalige Kriegsschiff Vasa, das 1628 bei seiner Jungfernfahrt sank und heute in einem eigenen Gebäude aufbewahrt wird. Direkt daneben erhebt sich das Skansen-Freilichtmuseum, dessen historische Gebäude und Windmühlen vom Wasser aus sichtbar sind. Einige Abschnitte von Gröna Lund, Stockholms Freizeitpark, schließen sich an – darunter ein hoher Freifallturm und eine Achterbahn, die über das Wasser führt.

Im weiteren Verlauf entfernt sich das Boot ein kurzes Stück vom Stadtkern. Am Horizont ist die Inselgruppe Fjäderholmarna zu sehen, die geografisch bereits zu den Schäreninseln gehört. Die klassische Tour nähert sich der Insel, ohne dort anzulegen, und kehrt dann entlang der südlichen Uferlinie der Altstadt zurück. Dabei durchfährst du erneut Abschnitte mit dichter Bebauung, unter anderem mit Blick auf Södermalm und die gegenüberliegenden Bereiche von Kungsholmen. Die Tour endet am Ausgangspunkt Strömkajen.

Ergänzend zur regulären Rundfahrt gibt es eine Version mit Landgang auf Fjäderholmarna. Nach etwa 25 Minuten Fahrt legt das Boot auf der Insel an. Dort kannst du den Aufenthalt frei gestalten – etwa mit einem Besuch der Glasbläserei, einem Spaziergang auf dem rund zwei Kilometer langen Uferpfad oder einem Mittagessen in einem der Fischrestaurants. Die Rückfahrt erfolgt mit einem späteren Boot am selben Tag, Abfahrtszeiten sind im Fahrplan ausgewiesen. Fjäderholmarna gilt als nächstgelegene Schäreninsel Stockholms und wird häufig als Einstiegspunkt für Besucher genutzt, die den Archipel erkunden möchten.

Die reguläre Djurgården-Tour findet zwischen April und Oktober statt. In der Hochsaison fahren die Boote in kurzen Abständen, meistens im 30- bis 60-Minuten-Takt. Der Ticketpreis beträgt rund 260 SEK für Erwachsene und 130 SEK für Kinder zwischen 6 und 15 Jahren. Kinder unter 6 Jahren fahren kostenlos mit. Die kombinierte Fahrt mit Ausstieg auf Fjäderholmarna kostet je nach Tageszeit und Saison zwischen 185 und 230 SEK. Inhaber des Stockholm Go City Pass erhalten je nach Ticketvariante freien oder ermäßigten Zugang. Wer die Tour am späten Nachmittag bucht, profitiert oft von geringerem Andrang und besseren Sichtverhältnissen, besonders bei gutem Licht über dem Wasser.

DAS SOLLTEST DU WISSEN
An Bord sind Getränke und Snacks erhältlich, die du mit der EC-Karte bezahlst. Eine Bargeldzahlung ist nicht möglich.

Adresse: Stromma, Strömkajen, 111 48 Stockholm; Öffnungszeiten des Kiosks: täglich von 10 bis 16.30 Uhr, die Bootsabfahrtszeiten entnimmst du dem hiesigen Aushang

Anfahrt: Von T-Centralen aus fährst du mit der Buslinie 69 bis zur Haltestelle Nybroplan. In rund 13 Minuten bist du an der Anlegestelle angekommen.

Preise: Die Bootstour kostet Erwachsene 285 SEK und Kinder ab sechs Jahren kosten 145 SEK (Stand: 2025). Wenn du deine Buchung online vornimmst, erhältst du einen Rabatt. Mit dem Stockholm Go City Pass hast du eine Gratisfahrt.

#52 Nachtleben

... stylishe Bars, heiße Beats und lange Nächte

Stockholm besitzt eine vielfältige und lebendige Ausgehkultur, die sich sowohl in eleganten Rooftopbars als auch in energiegeladenen Clubs widerspiegelt. Besonders im Sommer zieht es viele Besucher und Einheimische in luftige Höhen, wo Dachterrassen einen weiten Blick über die beleuchtete Stadt ermöglichen. Parallel dazu ist das Clubleben rund um den Stureplan eines der aktivsten Skandinaviens – mit langen Warteschlangen, Türstehern mit klaren Regeln und einem breiten musikalischen Spektrum, das von House über Pop bis hin zu Live-Konzerten reicht.

Ein beliebter Einstieg in den Abend gelingt auf der SUS Rooftop Bar am Brunkebergstorg. Die Dachterrasse befindet sich auf dem Hotelgebäude At Six und ist für ihre lockere Atmosphäre bekannt. Lampions, begrünte Elemente und eine offene Barzone machen die Umgebung besonders einladend. Regelmäßig finden Events wie Open-

Air-Kino, DJ-Abende oder akustische Sets statt. Die Getränkepreise starten ab 65 SEK, Cocktails liegen bei etwa 145 SEK. Die Bar hat täglich ab 15:00 Uhr geöffnet, freitags und samstags bis Mitternacht. Adresse: Brunkebergstorg 2, 111 51 Stockholm.

Nur wenige Gehminuten entfernt liegt die TAK Rooftop Bar, eine der gehobeneren Adressen über den Dächern der Stadt. Die Bar erstreckt sich auf mehreren Ebenen mit Lounge-Möbeln, verglasten Wänden und einem weiten Panoramablick Richtung Altstadt. TAK bietet neben klassischen Cocktails auch skandinavisch inspirierte Drinks, etwa mit Sanddorn oder Fichtennadeln. Ein Besuch empfiehlt sich besonders zum Sonnenuntergang. Die Preise sind im oberen Segment angesiedelt: Longdrinks ab 155 SEK, Bier ab 85 SEK. Adresse: Brunkebergstorg 4, 111 51 Stockholm, geöffnet täglich von 11:30 Uhr bis Mitternacht, Freitag und Samstag bis 1:00 Uhr.

Wer anschließend tiefer ins Nachtleben eintauchen möchte, orientiert sich an den Straßen rund um den Stureplan. Hier reiht sich ein exklusiver Club an den nächsten, die Türpolitik ist oft streng – angemessene Kleidung wird vorausgesetzt. Einer der bekanntesten Clubs ist das Spy Bar, das besonders bei der jüngeren Stockholmer Szene beliebt ist. Die Musikrichtungen variieren je nach Wochentag, meist läuft ein Mix aus House, Pop und elektronischer Musik. Der Eintritt liegt je nach Event zwischen 150 und 250 SEK, Einlass ab 23:00 Uhr, geöffnet bis 3:00 Uhr. Adresse: Birger Jarlsgatan 20, 114 34 Stockholm.

Direkt gegenüber befindet sich das Sturecompagniet, ein Clubkomplex mit mehreren Floors, darunter auch das stilvolle „The White Room". Das Publikum ist modisch und oft international, der Eintritt kostet meist 200 bis 300 SEK, abhängig vom Wochentag und der Uhrzeit. Die Öffnungszeiten gehen regelmäßig bis 3:00 Uhr morgens, mit Hauptandrang zwischen Mitternacht und 2:00 Uhr. Adresse: Sturegatan 4, 114 35 Stockholm.

Wer es weniger exklusiv, aber genauso musikalisch mag, wird im Fasching fündig. Der Jazzclub mit Bar-Charakter liegt in der Nähe des Hauptbahnhofs und bietet ein breites Programm aus Funk, Soul, elektronischer Musik und natürlich Jazz. Das Publikum ist gemischt, der Eintritt variiert je nach Konzert zwischen 120 und 280 SEK, bei DJ-Abenden wird teilweise kein Eintritt verlangt. Adresse: Kungsgatan 63, 111 22 Stockholm, geöffnet ab 19:00 Uhr, Konzerte meist ab 20:00 Uhr.

In Stockholm lässt sich der Abend also auf unterschiedliche Weise gestalten – mit Blick über die Stadt, im engen Club mit tanzender Menge oder bei Live-Musik in stilvoller Atmosphäre. Die öffentlichen Verkehrsmittel sind auch nachts zuverlässig, viele Bus- und U-Bahn-Linien verkehren im 30-Minuten-Takt bis in die frühen Morgenstunden. Wer sein Abendprogramm plant, sollte auf Eventkalender und Online-Reservierungen achten, da beliebte Orte schnell ausgebucht oder nur mit Gästeliste zugänglich sind.

#53 Konserthuset

... blaue Bühne großer Klänge

Das Konserthuset Stockholm zählt zu den zentralsten und traditionsreichsten Kulturstätten der Stadt. Seit seiner Eröffnung im Jahr 1926 prägt es mit seiner strengen klassizistischen Architektur das Stadtbild am Platz Hötorget, mitten im Herzen des modernen Stadtteils Norrmalm. Entworfen wurde das auffällig kobaltblaue Gebäude vom Architekten Ivar Tengbom, einem der bedeutendsten Vertreter der schwedischen Architektur des frühen 20. Jahrhunderts. Die hohe Freitreppe und die korinthischen Säulen am Eingang verleihen dem Bau eine fast tempelartige Wirkung, die abends – angestrahlt in tiefem Blau – besonders eindrucksvoll ist.

Das Konzerthaus ist vor allem als Heimat des Royal Stockholm Philharmonic Orchestra bekannt. Dieses Orchester, das seit 1902 besteht, ist für seine feinen Interpretationen klassischer Musik weltweit geschätzt. Es zählt heute zu den wichtigsten Klangkörpern Skandinaviens und steht regelmäßig unter der Leitung international renommierter Dirigenten. Auf dem Spielplan stehen Werke von Beethoven und Mahler ebenso wie moderne Kompositionen skandinavischer Gegenwartskomponisten wie Anders Hillborg oder Kaija Saariaho.

Neben Sinfoniekonzerten werden auch Jazzabende, Kammermusik, Crossover-Projekte, Kinderkonzerte und Lesungen angeboten. Ein Beispiel ist die beliebte Konzertreihe „Konserthuset Play", bei der du auch online Livemitschnitte kostenlos abrufen kannst – ideal für alle, die nicht vor Ort dabei sein können. Ebenso gibt es regelmäßig Matinékonzerte und Familientage, die ein jüngeres Publikum ansprechen und musikalische Bildung auf unterhaltsame Weise fördern.

Besonders hervorzuheben ist auch die Rolle des Konserthuset im Rahmen der Nobelpreisverleihung. Während die Preise selbst im Dezember im benachbarten Stockholmer Stadshuset überreicht werden, findet im Konserthaus jährlich die feierliche Nobelpreis-Zeremonie statt. Dabei wird der große Hauptsaal – der sogenannte Stora salen, der rund 1.770 Sitzplätze bietet – zur Bühne für einen der wichtigsten wissenschaftlichen und kulturellen Anlässe weltweit.

Die Innenausstattung des Saals ist geprägt durch warmes Holz, rotes Samtdekor und eine akustische Architektur, die das Hörerlebnis optimiert. Mehrere Logen und ein großzügiges Orchesterpodium sorgen für eine ausgezeichnete Sicht und Klangverteilung. Wer nicht nur ein Konzert, sondern auch das Gebäude selbst kennenlernen möchte, kann an einer der geführten Touren teilnehmen. Diese finden das ganze Jahr über statt und dauern rund 45 Minuten. Dabei erfährst du mehr über die Geschichte des Hauses, die Kunstwerke in der Eingangshalle und die technischen Details des Konzertsaals. Die Tour kostet ca. 120 SEK, ermäßigt 80 SEK (Stand: 2025).

Ein besonderes Erlebnis ist der Silvesterabend im Konserthuset. Hier spielen das Royal Stockholm Philharmonic Orchestra und Gäste ein festliches Programm, das in Stockholm Kultstatus genießt. Die Konzerte sind regelmäßig schon Monate im Voraus ausverkauft. Wer den Jahreswechsel mit klassischer Musik feiern möchte, sollte frühzeitig buchen.

Adresse: Konserthuset, Hötorget 8, 103 87 Stockholm; Öffnungszeiten: sonntags bis freitags von 12 bis 18 Uhr, samstags von 11 bis 15 Uhr

Anfahrt: Mit den öffentlichen Verkehrsmitteln gelangst du schnell zum Konserthuset. Steige dafür an der Haltestelle Hötorget aus. Das Gebäude befindet sich in 100 Metern Reichweite.

Preise: Die Tickets kosten Erwachsene ab 130 SEK (Stand: 2025).

#54 Nachtführung

... Flackernde Laternen und düstere Gassen

Die nächtliche Altstadtführung durch Gamla Stan ist keine gewöhnliche Stadtführung, sondern eine fokussierte Erkundung der historischen und kriminalhistorischen Vergangenheit Stockholms. Sie richtet sich an Reisende, die gezielt etwas über konkrete Vorfälle, dokumentierte Verbrechen, öffentliche Hinrichtungen, Epidemien und Legenden erfahren wollen – erzählt vor Ort, an den tatsächlichen Schauplätzen.

Die Tour beginnt meist am frühen Abend, in den dunkleren Monaten gegen 18:00 Uhr, im Sommer später. Treffpunkt ist oft der Platz vor dem Nobelmuseum am Stortorget, der nicht zufällig gewählt ist: Hier fanden im Jahr 1520 die sogenannten Stockholmer Blutbäder statt, bei denen über 80 schwedische Adlige und Geistliche durch den dänischen König Christian II. öffentlich hingerichtet wurden. Der Guide schildert die damaligen Abläufe mit Bezug auf zeitgenössische Quellen und Gerichtsprotokolle. Die Tour verwendet dafür exakte Daten, Namen und Tatorte, statt allgemeine Geistergeschichten zu erzählen.

An der Deutschen Kirche (Tyska kyrkan) wird über mehrere dokumentierte Pestwellen gesprochen, insbesondere die von 1710, die fast ein Drittel der Stockholmer Bevölkerung dahinraffte. Hier erfahren die Teilnehmenden, wo Massengräber angelegt wurden und wie sich Quarantänezonen rund um die Insel Riddarholmen erstreckten.

An einem der Nebengassen nahe Kindstugatan wird der Fall einer Kindsmörderin rekonstruiert, die 1753 öffentlich auf dem Marktplatz enthauptet wurde. Die Führung bezieht sich hier auf die damaligen Gesetzestexte, das Strafmaß und die gesellschaftlichen Reaktionen. Ein weiteres Segment widmet sich dem Fall eines bekannten Alchemisten und Hochstaplers, der im 17. Jahrhundert im Quartier Järntorget gefälschte Arzneien verkaufte, bevor er in den Kerker von Tre Kronor geworfen wurde.

Besonders eindrucksvoll ist der Abschnitt der Tour am Riddarholmskyrkan, wo ehemalige Gefängniszellen in Kellerräumen besichtigt werden – dort erfahren die Teilnehmer mehr über Foltermethoden der frühen Neuzeit, inklusive Auszügen aus überlieferten Protokollen.

Die Tour führt zu etwa 12 bis 15 Stationen, abhängig von Gruppengröße und Tempo. Die Teilnehmerzahl ist auf etwa 25 Personen begrenzt, um die engen Gassen in Gamla Stan nutzen zu können, ohne den Verkehrsfluss oder Anwohner zu stören. Die Route umfasst in der Regel etwa 1,5 Kilometer mit mehreren Zwischenstopps, auch an Orten, die tagsüber stark frequentiert sind, nachts aber menschenleer wirken – wie etwa der Hinterhof der Tessinska Palatset.

Die Führung findet auf Englisch statt, einige Guides bieten bei Verfügbarkeit auch deutsche Sonderführungen an, die vorher reserviert werden müssen. Die Anmeldung erfolgt in der Regel online über Plattformen wie GuruWalk, FreeTour oder GetYourGuide, eine spontane Teilnahme ist nicht immer möglich. Obwohl die Tour als „kostenlos" gilt, basiert sie auf dem „pay-what-you-want"-Modell, bei dem am Ende ein Trinkgeld von etwa 100 bis 200 SEK pro Person üblich ist – abhängig von Zufriedenheit und Dauer.

Einige Tourguides sind zertifizierte Stadtführer mit Zusatzqualifikationen in schwedischer Geschichte, Archäologie oder Theaterpädagogik, weshalb bei bestimmten Abschnitten szenische Elemente oder Requisiten zum Einsatz kommen. Die Veranstaltung ist grundsätzlich für Jugendliche ab etwa 12 Jahren geeignet, kleinere Kinder werden wegen der expliziten Inhalte nicht empfohlen.

Bei gutem Wetter ist festes Schuhwerk ausreichend, bei Regen sind einige Gassen rutschig – insbesondere die Treppen um Tyska Brinken und die Kopfsteinpflaster rund um Mårten Trotzigs gränd, die schmalste Gasse Stockholms mit nur 90 Zentimetern Breite.

Die Tour dauert je nach Gruppe 90 bis 110 Minuten, es gibt keine Pausen oder sanitären Zwischenstopps. Wer vorab recherchieren möchte, findet auf der offiziellen Website des Anbieters oder auf der Plattform Free Walking Tour Stockholm exakte Startzeiten und Reservierungsmöglichkeiten.

Ein Besuch dieser Tour ersetzt keinen klassischen Stadtrundgang – sie ist vielmehr eine konzentrierte, quellenbasierte Führung durch die düstere Geschichte Stockholms, die durch exakte Daten, historische Hintergründe und eine klare Route überzeugt.

Adresse: Ghost Walk, Gustav Adolfs torg 2, 111 52 Stockholm; Öffnungszeiten: ab 19 Uhr

Anfahrt: Fahre mit den öffentlichen Verkehrsmitteln bis zur Haltestelle Gustav Adolfs torg. Der Treffpunkt ist direkt vor der Oper.

#55 Mittsommer

... Blumenkränze, Fröhlichkeit und das magische Leuchten der kürzesten Nacht

Mittsommer gehört zu den emotional wichtigsten und am tiefsten verwurzelten Festen in Schweden. Jedes Jahr am Freitag zwischen dem 19. und 25. Juni feiern die Stockholmer die Sommersonnenwende mit einer Vielzahl an jahrhundertealten Bräuchen, die einst aus agrarischen Traditionen hervorgingen. Der Tag markiert den längsten des Jahres, und in Stockholm wird es in der Nacht kaum dunkel – die Dämmerung dauert nur wenige Stunden, was die Atmosphäre besonders macht. Die Menschen versammeln sich im Freien, tanzen um mit Blumen geschmückte Mittsommerbäume, singen alte Lieder, tragen Blumenkränze und essen traditionelle Gerichte wie eingelegten Hering, Dillkartoffeln, Knäckebrot und Erdbeeren mit Sahne. Dazu gehören auch Schnaps und Bier – begleitet von Trinkliedern, den sogenannten Snapsvisor, die oft generationenübergreifend gesungen werden.

Ein zentraler Ort des Festes ist das Freilichtmuseum Skansen auf Djurgården. Hier findet eines der größten Mittsommerfeste der Stadt statt, das sich besonders für Reisende eignet, die das Fest in authentischer Umgebung erleben möchten. Bereits am Vormittag werden Stationen aufgebaut, an denen du deinen eigenen Blumenkranz binden kannst. Um die Mittagszeit wird der Mittsommerbaum gemeinschaftlich aufgerichtet, und danach beginnen Volkstanzvorführungen und Mitmachtänze zu klassischer schwedischer Volksmusik. Auch für Kinder gibt es Spielstationen und handwerkliche Mitmachangebote. Das Gelände ist weitläufig und bietet genug Raum für eigene Picknicks. Die Stimmung ist freundlich und familienorientiert, während der Abend meist ruhiger und musikalischer ausklingt. Der Eintritt kostet rund 245 SEK für Erwachsene, für Kinder unter 15 Jahren 70 SEK.

Ein weiteres Fest mit lokalem Charakter findet im Vintervikens Trädgård in Söderort statt. In diesem ökologischen Stadtgarten, der am Wasser liegt, wird der Baum gemeinschaftlich geschmückt und aufgerichtet, begleitet von Live-Musik und kleinen Marktständen. Viele Familien bringen eigene Decken mit, es gibt vegetarische Speisen und regionale Getränke, und der Zugang ist kostenlos. Die Atmosphäre ist bewusst reduziert und entspannter als bei den großen Veranstaltungen, aber genau das macht den Reiz aus. Die Gärten sind öffentlich zugänglich, und auch Einheimische, die dem Trubel von Skansen entgehen möchten, feiern hier.

Etwas außerhalb, südlich des Stadtzentrums, veranstaltet Hågelbyparken in Botkyrka ein besonders großes Volksfest, das sich für alle eignet, die mit Kindern reisen oder ein traditionelles Rahmenprogramm bevorzugen. Hier gibt es neben dem Midsommarstång auch einen kleinen Jahrmarkt, Volkstanzgruppen, Pferdekutschen und Marktstände. Der Park ist weitläufig, mit großen Grünflächen und Spielplätzen, sodass der Tag auch für Familien abwechslungsreich gestaltet werden kann. Der Eintritt ist in der Regel frei, allerdings empfiehlt sich eine frühe Anreise, da der Andrang groß sein kann.

Auch ohne offizielles Fest lässt sich Midsommar in Stockholm erleben. Der Rålambshovsparken auf Kungsholmen wird am Mittsommerabend oft zum Treffpunkt junger Leute, die sich mit Freunden zum Picknicken, Musikhören und Zusammensitzen verabreden. Zwar gibt es hier keinen aufgestellten Baum, aber die Atmosphäre ist lebendig und offen – nicht wenige bringen tragbare Lautsprecher oder Brettspiele mit, manche sogar selbstgebackene Erdbeertorten. Der Park liegt direkt am Wasser und bietet einen weiten Blick auf die abendliche Skyline der Stadt, was ihn zu einem beliebten Ort für spontane Feiern macht.

In vielen Restaurants Stockholms – etwa im Sturehof, bei Tradition oder im Operakällaren – kannst du an Midsommar spezielle Menüs mit den typischen Gerichten buchen. Diese Plätze sind allerdings bereits Wochen im Voraus reserviert, denn auch Einheimische nutzen die Gelegenheit, das Fest ohne eigenen Vorbereitungsaufwand zu genießen. Besonders beliebt ist das klassische Smörgåsbord, bei dem du viele verschiedene Komponenten des Midsommar-Essens probierst – oft begleitet von einem Degustationsmenü mit passenden Getränken.

Am Midsommarafton selbst schließen viele Supermärkte und Geschäfte bereits am frühen Nachmittag. Museen, Behörden und manche Sehenswürdigkeiten bleiben den gesamten Tag geschlossen. Auch der öffentliche Nahverkehr fährt reduziert, meist nach Samstagsfahrplan. Wer das Fest in Stockholm erleben möchte, sollte sich vorher gut informieren, frühzeitig reservieren – und offen dafür sein, sich einer fremden Picknickdecke anzuschließen, denn Gastfreundschaft wird an diesem Tag großgeschrieben.

#56 Kaltbadehaus

... Frostige Mutprobe, heiße Sauna und das wohl intensivste Schwedengefühl

Kaltbaden ist in Stockholm weit mehr als eine kurzlebige Wellnessmode – es ist eine fest verankerte Tradition mit tiefen Wurzeln im 19. Jahrhundert. Damals galten sogenannte Kallbadhus, also Kaltbadehäuser, als medizinische Einrichtungen, in denen die Kombination aus kaltem Wasser und heißer Sauna zur Gesundheitsförderung beitragen sollte. Diese Orte sind auch heute noch im Stadtbild präsent – nicht nur im Sommer, sondern gerade im Herbst und Winter, wenn sich mutige Einheimische in eisige Gewässer wagen. Ein typisches Kaltbadehaus besteht aus einer gut beheizten Sauna, Einstiegsleitern ins Freiwasser, Umkleiden, Duschen und in vielen Fällen auch einem kleinen Restaurant oder Café. Die Trennung nach Geschlechtern ist häufig üblich, viele Anlagen verfügen zusätzlich über gemischte Saunabereiche oder private Mietmöglichkeiten.

Ein besonders authentisches Erlebnis erwartet dich im Naturschutzgebiet Hellasgården, südöstlich von Stockholm. Die dortige Sauna liegt direkt am See Källtorpssjön und wird täglich mit Holz beheizt. Nach dem Aufguss führt

57 unvergleichliche Erlebnisse

Typisch Stockholm

ein Steg in das klare Seewasser, das selbst im Winter nicht zufriert, da regelmäßig Schneisen ins Eis geschlagen werden. Neben der öffentlichen Sauna kannst du dort auch eine private Holzhütte mit Seeblick mieten – ideal für Gruppen. Der Eintritt kostet aktuell 180 SEK für Erwachsene, Kinder zahlen 90 SEK. Die private Sauna liegt bei 2.500 SEK pro Tag. Die Anlage ist täglich geöffnet: montags bis freitags von 8:45 bis 21:00 Uhr, am Wochenende bis 18:00 Uhr. Zu erreichen ist Hellasgården mit der Buslinie 401 ab Slussen in etwa 18 Minuten; mit dem Auto gelangt man über die Route 260 in rund derselben Zeit zum Ziel. Die Adresse lautet Ältavägen 101, 131 33 Nacka.

Wer ein zentraleres Badeerlebnis bevorzugt, besucht das Centralbadet in der Drottninggatan. Dieses Stadtbad aus dem Jahr 1904 ist ein architektonisches Juwel des Jugendstils mit bemalten Decken, buntem Mosaik und verziertem Marmor. Inmitten dieser Kulisse schwimmst du in einem beheizten Innenbecken unter einer Glaskuppel oder entspannst dich in finnischer Sauna, Dampfbad, Salzwasserbecken oder auf den beheizten Liegen. Spa-Behandlungen wie Massagen oder Gesichtsbehandlungen können hinzugebucht werden. Der Eintritt in den Bade- und Saunabereich kostet werktags 390 SEK (Abendtarif ab 17 Uhr: 340 SEK), Ermäßigungen gibt es für Studierende und Senioren. Die Öffnungszeiten sind von Montag bis Samstag 9:00 bis 21:00 Uhr, am Sonntag bis 20:00 Uhr. Die Adresse lautet Drottninggatan 88, 111 36 Stockholm, direkt erreichbar über die U-Bahnstation Hötorget.

DAS SOLLTEST DU WISSEN

Im Stadtteil Södermalm findest du mit dem Kallbadhus Långholmen eine charmante und weniger bekannte Möglichkeit für das traditionelle Kaltbaden. Die kleine Anlage liegt idyllisch am Ufer des Riddarfjärden, nur wenige Schritte vom ehemaligen Gefängnis Långholmen entfernt. Hier kannst du direkt von der hölzernen Badeplattform aus ins klare Wasser steigen – mit Blick auf die Altstadt und das Rathaus. Besonders am frühen Morgen treffen sich hier viele Stammgäste, die das kalte Bad mit einer kurzen Meditation oder Atemübung verbinden. Eine kleine Holzsauna vor Ort kann stundenweise gemietet werden. Adresse: Långholmsmuren 2, 117 33 Stockholm. Keine festen Öffnungszeiten – öffentlich zugänglich, Sauna auf Anfrage.

Eine weitere traditionsreiche Anlage befindet sich im Vorort Saltsjöbaden. Das Friluftsbad aus dem Jahr 1913 liegt spektakulär auf Holzpfählen direkt über dem Wasser des Baggensfjärden. Zwei separate Badehäuser – eines für Frauen, eines für Männer – bieten je eine Sauna mit Zugang zum offenen Meer. In den Sommermonaten ist die Anlage auch bei Sonnenhungrigen beliebt, doch im Winter kommen vor allem Eisschwimmer auf ihre Kosten. Der Eintritt beträgt 150 SEK, Handtücher und Bademantel können vor Ort ausgeliehen werden. Geöffnet ist täglich von 9:00 bis 18:00 Uhr, mittwochs und freitags ist die Sauna bis 20:00 Uhr geöffnet. Die Anfahrt erfolgt mit dem Pendelzug ab Slussen in Richtung Saltsjöbaden, die Fahrt dauert etwa 35 Minuten. Adresse: Hotellvägen 9, 133 35 Saltsjöbaden.

#57 Weihnachtsmarkt

... Glögg, Lichterglanz und festliche Stimmung

Zur Adventszeit verwandelt sich Stockholm in eine festlich beleuchtete Stadt, in der Weihnachtsmärkte – auf Schwedisch julmarknader – eine bedeutende Rolle spielen. Sie sind nicht nur kommerzielle Veranstaltungen, sondern Teil eines lebendigen Brauchtums mit tiefem kulturellem Hintergrund. Jeder Markt hat seine eigene Ausrichtung, seine historischen Wurzeln und seine typischen Waren – von echtem Handwerk bis zu regionaler Kulinarik.

Der traditionsreichste Weihnachtsmarkt befindet sich auf dem Stortorget, dem zentralen Platz in Gamla Stan. Dieser Markt wurde 1837 erstmals dokumentiert und gilt als der älteste durchgehend betriebene Weihnachtsmarkt Schwedens. Die rund 90 Stände, organisiert vom Verein Hantverkarnas Gille, konzentrieren sich bewusst auf schwedisches Kunsthandwerk, regionale Spezialitäten und klassische Adventsprodukte. Du findest hier handgefertigte Kerzen, gedrechselte Holzfiguren, gestrickte Wollwaren aus Dalarna, Glögg mit Mandeln und Rosinen, Elchwurst, Senf aus Västerbotten und Zuckerkunst. Die Marktfläche ist kompakt und der Markt bewusst traditionell gehalten, ohne Eventbühne oder moderne Gastronomie. Er findet jährlich vom 23. November bis zum 23. Dezember statt, geöffnet täglich von 11:00 bis 18:00 Uhr. Der Besuch ist kostenlos. Die Adresse lautet Stortorget, 111 29 Stockholm, und erreichbar ist der Markt in nur zwei Gehminuten von der U-Bahn-Station Gamla Stan.

Deutlich größer und lebendiger ist der Weihnachtsmarkt im Kungsträdgården, der gleichzeitig der modernste der Stadt ist. Über 200 Aussteller sind hier vertreten, darunter viele Schul-Start-ups im Rahmen des nationalen Bildungsprogramms „Ung Företagsamhet". Diese verkaufen kreative Produkte wie vegane Kekse, Upcycling-Schmuck oder lokale Feinkost aus eigener Herstellung. Der Markt zieht sich entlang der Parkallee bis zur bekannten Eisbahn, auf der täglich von morgens bis abends gefahren wird – Schlittschuhe kannst du vor Ort leihen. An mehreren Tagen in der Woche finden Live-Auftritte von Chören und Musikgruppen statt, darunter auch Lucia-Chöre. Der Weihnachtsmarkt beginnt am 30. November und endet am 22. Dezember. Er ist werktags von 11:00 bis 19:00 Uhr und am Wochenende bis 20:00 Uhr geöffnet. Die Adresse lautet Kungsträdgården, 111 47 Stockholm. Mit der U-Bahn steigst du an der gleichnamigen Station direkt aus.

Ein atmosphärisches Highlight ist der Weihnachtsmarkt im Freilichtmuseum Skansen auf der Insel Djurgården. Die Marktstände reihen sich zwischen historischen Häusern und Werkstätten aus ganz Schweden – viele davon mit authentischer Innenausstattung aus dem 18. und 19. Jahrhundert. Der Skansen-Markt findet nur an den vier Adventswochenenden statt, jeweils Samstag und Sonntag von 10:00 bis 16:00 Uhr. Über 70 Aussteller bieten dort Keramik, Leinenwaren, handgeschnitzte Krippenfiguren oder lokales Gebäck wie lussebullar (Safran-Hefegebäck) an. In mehreren Bauernhäusern wird gezeigt, wie früher zu Weihnachten gebacken, gebastelt und dekoriert wurde. Es gibt Mitmachstationen für Kinder, Chöre in historischer Kleidung und Führungen zu traditionellen schwedischen Weihnachtsbräuchen. Der Eintritt ist im Skansen-Tagesticket enthalten: 245 SEK für Erwachsene, 70 SEK für Kinder (Stand 2025). Die Adresse ist Djurgårdsslätten 49-51, 115 21 Stockholm. Du erreichst den Markt bequem mit der Straßenbahnlinie 7 oder der Djurgårdsfähre.

DAS SOLLTEST DU WISSEN

Das Luciafest am 13. Dezember ist eines der wichtigsten und stimmungsvollsten Feste in der schwedischen Vorweihnachtszeit – eine Mischung aus heidnischer Lichterzeremonie und christlicher Heiligenverehrung. Lucia, die Lichtbringerin, soll in der dunkelsten Zeit des Jahres Hoffnung und Wärme spenden. In Schweden zieht traditionell ein aus Schulkindern gebildeter Chor durch Kirchen, Rathäuser, Pflegeheime oder sogar Einkaufszentren. Angeführt wird der Zug von der Luciafigur, die ein langes weißes Kleid trägt und einen Kranz mit brennenden Kerzen auf dem Kopf – heute meist mit batteriebetriebenem Licht.

Die Lieder, die dabei gesungen werden – allen voran das bekannte „Sankta Lucia" – stammen aus dem 19. Jahrhundert und erzeugen durch einfache Melodien und langsame Rhythmen eine feierliche, fast meditative Atmosphäre. Neben den Lucias gibt es auch sogenannte Sternenjungen, Pfefferkuchenmännchen und Wichtel, die den Zug begleiten und dabei Safrangebäck (Lussebullar) oder Pfefferkuchen verteilen.

Ursprünglich stammt die Tradition aus Westschweden und wurde erst im 20. Jahrhundert landesweit populär. In Stockholm werden zur Luciazeit auch Lucia-Wahlen durchgeführt – etwa durch Zeitungen oder Kulturinstitutionen – bei denen eine Repräsentantin gewählt wird, die dann bei offiziellen Veranstaltungen auftritt. Besonders stimmungsvoll ist das Lucia-Konzert in der Storkyrkan (Domkirche) in Gamla Stan: Hier ziehen junge Frauen in weißen Gewändern mit Kerzenkränzen im Haar durch den dunklen Kirchenraum, begleitet von Chorgesang und Geigenmusik. Tickets sind meist schnell ausverkauft und sollten im Voraus online gebucht werden. Auch in vielen Schulen, Museen und sogar U-Bahn-Stationen finden kleinere Lucia-Auftritte statt – achte auf Aushänge oder Hinweise in Cafés. Die Storkyrkan befindet sich am Trångsund 1, 111 29 Stockholm.

Lohneswerte Adressen
Hotels, Kajakverleih und mehr

 HOTELS

€ – City Backpackers Hostel – Norrmalm
Nur wenige Gehminuten vom Hauptbahnhof entfernt empfängt dich dieses lebhafte Hostel im Herzen von Norrmalm. In den freundlich gestalteten Gemeinschaftsbereichen lernst du schnell andere Reisende kennen. Das Haus bietet sowohl Schlafsäle als auch private Zimmer an. Eine kostenlose Sauna, Fahrradverleih und schnelles WLAN runden das Angebot ab. Besonders junge Entdecker und Backpacker fühlen sich hier wohl.
Adresse: Upplandsgatan 2A, 111 23 Stockholm, Preise: Bett im Schlafsaal ab ca. 35 Euro, private Zimmer ab etwa 90 Euro (*Stand 2025).

€ – Grönalund Bed & Breakfast – Älvsjö
Dieses charmante B&B liegt im ruhigen Vorort Älvsjö und bietet eine familiäre Atmosphäre mit individuell eingerichteten Zimmern. Die Unterkunft ist ideal für Reisende, die eine entspannte Umgebung abseits des Stadtzentrums suchen, aber dennoch eine gute Anbindung an die Innenstadt wünschen.
Adresse: Grönalundsvägen 19, 125 60 Älvsjö, Preise: Doppelzimmer ab ca. 70 Euro (*Stand 2025).

€ – Skanstulls Hostel – Södermalm
Inmitten des kreativen Viertels Södermalm gelegen, empfängt dich dieses charmante Hostel mit individuell gestalteten Zimmern und einer gemütlichen Atmosphäre. Die Unterkunft bietet sowohl Schlafsäle als auch private Zimmer mit eigenem oder Gemeinschaftsbad. Eine gut ausgestattete Gemeinschaftsküche und ein einladender Aufenthaltsraum fördern den Austausch unter Reisenden. Ideal für alle, die eine entspannte und inspirierende Umgebung suchen.
Adresse: Ringvägen 135, 116 61 Stockholm, Preise: Bett im Schlafsaal ab ca. 30 Euro, private Zimmer ab etwa 80 Euro (*Stand 2025).

€ – Crafoord Place Hostel – Vasastan
Dieses kleine, familiengeführte Hostel befindet sich im ruhigen Stadtteil Vasastan und bietet einen herrlichen Blick über die Stadt. Die Unterkunft verfügt über helle, saubere Zimmer und eine freundliche Atmosphäre. Eine voll ausgestattete Küche steht den Gästen zur Verfügung, ebenso wie ein gemütlicher Gemeinschaftsbereich. Perfekt für Reisende, die eine ruhigere Umgebung bevorzugen, aber dennoch zentral wohnen möchten.
Adresse: Hälsobrunnsgatan 10, 113 61 Stockholm, Preise: Bett im Schlafsaal ab ca. 28 Euro, private Zimmer ab etwa 75 Euro (*Stand 2025).

Lohnenswerte Adressen

€ – Långholmen Hostel – Långholmen
Auf der grünen Insel Långholmen gelegen, bietet dieses einzigartige Hostel Unterkünfte in einem ehemaligen Gefängnis. Die Zellen wurden liebevoll in komfortable Zimmer umgewandelt, die den historischen Charme bewahren. Ein Museum auf dem Gelände erzählt die Geschichte des Gebäudes. Die ruhige Lage inmitten von Natur macht es zu einem besonderen Erlebnis für alle, die etwas Außergewöhnliches suchen.
*Adresse: Långholmsmuren 20, 117 33 Stockholm, Preise: Bett im Schlafsaal ab ca. 35 Euro, private Zimmer ab etwa 90 Euro (*Stand 2025).*

€ – Generator Stockholm – Norrmalm
In einem ehemaligen Bürogebäude nahe des Hauptbahnhofs gelegen, kombiniert dieses stylische Hostel skandinavisches Design mit urbanem Flair. Die Unterkunft bietet sowohl Schlafsäle als auch private Zimmer mit eigenem Bad. Eine Bar, ein Café und Gemeinschaftsbereiche laden zum Verweilen ein. Ideal für Reisende, die zentral und preiswert übernachten möchten.
*Adresse: Torsgatan 10, 111 23 Stockholm, Preise: Bett im Schlafsaal ab ca. 30 Euro, private Zimmer ab etwa 80 Euro (*Stand 2025).*

€€ – Mälardrottningen Yacht Hotel – Riddarholmen
An Bord der ehemaligen Luxusyacht „Lady Hutton" erwartet dich ein maritimes Erlebnis mit Blick auf die Altstadt. Die 59 Kabinen sind stilvoll eingerichtet, und das Restaurant bietet kulinarische Genüsse mit Panoramablick. Ein Highlight ist die Glasboden-Lounge, durch die man in den Maschinenraum blicken kann. Für alle, die das Flair der Seefahrt lieben und dennoch zentral übernachten möchten.
*Adresse: Riddarholmen, 111 28 Stockholm, Preise: Kabine ab ca. 120 Euro (*Stand 2025).*

€€ – Hotel Rival – Södermalm
Dieses Boutique-Hotel, im Besitz von ABBA-Mitglied Benny Andersson, kombiniert musikalisches Erbe mit modernem Komfort. Die 99 Zimmer sind stilvoll eingerichtet, und das hoteleigene Kino sowie die Bar bieten Unterhaltung und Entspannung. Ideal für Musikliebhaber und Designfans.
*Adresse: Mariatorget 3, 118 91 Stockholm, Preise: Zimmer ab ca. 200 Euro (*Stand 2025).*

€€ – Biz Apartment Hammarby Sjöstad – Hammarby Sjöstad
In dem modernen Stadtteil Hammarby Sjöstad gelegen, bietet dieses Apartmenthotel stilvolle Studios mit voll ausgestatteter Küche. Ideal für längere Aufenthalte oder Reisende, die Selbstverpflegung bevorzugen. Die Nähe zur Natur und gleichzeitig gute Verkehrsanbindung machen es zu einer attraktiven Wahl.
*Adresse: Heliosgången 20, 120 30 Stockholm, Preise: Studio ab ca. 110 Euro (*Stand 2025).*

€€ – Hotel Frantz – Södermalm

Wer ein Boutique-Hotel mit Seele sucht, wird im Hotel Frantz fündig. In einem charmanten Gebäude aus dem 17. Jahrhundert trifft historisches Flair auf stilvolles skandinavisches Design. Das Frühstück wird liebevoll zubereitet und legt besonderen Wert auf regionale Produkte. Gelegen im kreativen Södermalm, erreichst du Restaurants, Bars und Shops bequem zu Fuß.
*Adresse: Peter Myndes Backe 5, 116 46 Stockholm, Preise: Doppelzimmer ab ca. 160 Euro (*Stand 2025).*

€€ – NOFO Hotel – Södermalm

Dieses Boutique-Hotel befindet sich in einem historischen Gebäude aus dem 18. Jahrhundert und besticht durch individuell gestaltete Zimmer mit einzigartigem Charme. Gelegen im kreativen Stadtteil Södermalm, sind zahlreiche Cafés, Bars und Boutiquen fußläufig erreichbar. Das hauseigene Restaurant und die Weinbar bieten kulinarische Genüsse in entspannter Atmosphäre.
*Adresse: Tjärhovsgatan 11, 116 21 Stockholm, Preise: Doppelzimmer ab ca. 150 Euro (*Stand 2025).*

€€€ – Ett Hem – Östermalm

Versteckt in einem ruhigen Wohnviertel bietet dieses luxuriöse Boutique-Hotel ein Zuhause fernab der Heimat. Mit nur zwölf Zimmern legt das Haus großen Wert auf persönlichen Service und eine intime Atmosphäre. Die Einrichtung kombiniert skandinavisches Design mit klassischen Elementen, und der Garten lädt zum Entspannen ein. Ein Geheimtipp für anspruchsvolle Reisende, die das Besondere suchen.
*Adresse: Sköldungagatan 2, 114 27 Stockholm, Preise: Doppelzimmer ab etwa 350 Euro (*Stand 2025).*

€€€ – Grand Hôtel – Norrmalm

Ein echter Klassiker unter den Luxushotels der Stadt empfängt dich hier direkt an der Uferpromenade von Norrmalm, gegenüber dem Königlichen Schloss. Elegante Zimmer, das exklusive Nordic Spa & Fitness sowie zwei renommierte Restaurants sorgen für höchsten Komfort. Seit Jahrzehnten steigen hier Nobelpreisträger, Stars und Staatsgäste ab. Ein idealer Ort für alle, die Stockholm mit Stil erleben möchten.
*Adresse: Södra Blasieholmshamnen 8, 111 48 Stockholm, Preise: Doppelzimmer ab etwa 350 Euro (*Stand 2025).*

€€€ – Ett Hem – Östermalm

Dieses luxuriöse Boutique-Hotel in einem Stadthaus aus dem frühen 20. Jahrhundert bietet eine exklusive Unterkunft mit persönlichem Service. Die elegant eingerichteten Zimmer und der private Garten schaffen eine gemütliche Atmosphäre. Ideal für Reisende, die Wert auf Design und Individualität legen.
*Adresse: Sköldungagatan 2, 114 27 Stockholm, Preise: Zimmer ab ca. 300 Euro (*Stand 2025).*

€€€ – Stockholm Stadshotell – Södermalm

In einem historischen Gebäude aus dem 19. Jahrhundert vereint dieses Hotel skandinavisches Design mit einem lebendigen Gemeinschaftskonzept. Die 32 Zimmer sind individuell gestaltet, und die hauseigenen Restaurants bieten kulinarische Vielfalt. Ein Ort, der sowohl Gästen als auch Einheimischen als kreativer Treffpunkt dient.
*Adresse: Södermalm, Stockholm, Preise: Zimmer ab ca. 325 Euro (*Stand 2025).*

 AKTIVITÄTEN

€ – Kajakverleih – Långholmen Kajak
Direkt auf der grünen Insel Långholmen gelegen, kannst du hier Kajaks und SUP-Boards für entspannte oder sportliche Touren auf den Stockholmer Gewässern ausleihen. Anfänger wie Fortgeschrittene kommen auf ihre Kosten.
Adresse: Alstaviksvägen 3, 117 33 Stockholm, Preise: ab ca. 200 SEK für 2 Stunden (*Stand 2025).

€ – Kajak- und SUP-Selbstverleih – Kayakomat
Wer flexibel bleiben möchte, findet bei Kayakomat ein unkompliziertes System: Über mehrere Stationen in der Stadt mietest du selbstständig Kajaks oder SUPs. Perfekt für spontane Ausflüge auf eigene Faust.
Adresse (Beispielstation): Gröndal Kajakomat, Gröndal, Stockholm, Preise: ab ca. 200 SEK für 2 Stunden (*Stand 2025).

€ – Kanuverleih – Brunnsvikens Kanotklubb
Direkt am ruhigen Brunnsviken-See kannst du Kajaks und Kanus mieten und entspannt durch grüne Uferlandschaften paddeln. Ideal für alle, die die Natur Stockholms vom Wasser aus genießen möchten.
Adresse: Frescati Hagväg 5, 114 19 Stockholm, Preise: ab ca. 150 SEK pro Stunde (*Stand 2025).

€ – Fahrradverleih – Rent a Bike Stockholm
Mitten im Zentrum findest du hier eine große Auswahl an Citybikes, perfekt um Stockholm entspannt auf zwei Rädern zu entdecken. Die Leihstation liegt unweit des Hauptbahnhofs und ist ein idealer Ausgangspunkt für Erkundungstouren.
Adresse: Kungsbro Strand 21, 112 26 Stockholm, Preise: ab ca. 100 SEK pro Tag (*Stand 2025).

€ – Outdoor-Aktivitäten – Hellasgården
Nur wenige Kilometer vom Stadtzentrum entfernt, erwartet dich ein beliebtes Naherholungsgebiet für Wandern, Schwimmen, Sauna und im Winter sogar Schlittschuhlaufen oder Skilanglauf. Ideal für alle, die Natur und Bewegung verbinden möchten.
Adresse: Ältavägen 101, 131 33 Nacka, Eintritt: kostenlos, Aktivitäten teilweise kostenpflichtig (*Stand 2025).

€€ – Freizeitpark und Outdoorzentrum – Flottsbro Friluftsområde
Wer Lust auf sportliche Abenteuer hat, findet hier ein vielseitiges Angebot: von Kanufahren über Mountainbiking bis hin zu Skifahren im Winter. Besonders Familien und aktive Reisende kommen hier auf ihre Kosten.
Adresse: Flottsbrovägen 100, 141 32 Huddinge, Preise: variieren je nach Aktivität (*Stand 2025).

€ – Geführte Fahrradtour – Baja Bikes Stockholm
Erkunde die Highlights der schwedischen Hauptstadt auf zwei Rädern mit

einem lokalen Guide. Die 2-stündige Tour führt dich durch Gamla Stan, vorbei am Königspalast und entlang malerischer Wasserwege. Perfekt für Erstbesucher, die einen Überblick über die Stadt gewinnen möchten.
Treffpunkt: wird bei Buchung mitgeteilt, Preise: ab ca. 450 SEK pro Person (*Stand 2025).

€ – SUP-Verleih – Eden Kajak & SUP

Paddle entlang der Ufer von Kungsholmen und entdecke Stockholm vom Wasser aus. Eden Kajak & SUP bietet hochwertige Stand-Up-Paddleboards zur Miete an, ideal für Anfänger und Fortgeschrittene. Ein entspannter Weg, die Stadt aus einer neuen Perspektive zu erleben.
Adresse: Smedsuddsbadet, Kungsholmen, Preise: ab ca. 250 SEK für 2 Stunden (*Stand 2025).

€€ – Kletterpark – Høgt & Lågt Klatrepark

Etwa 90 Minuten von Stockholm entfernt bietet dieser Abenteuerpark 16 Parcours mit insgesamt 254 Hindernissen und 34 Seilrutschen. Für Adrenalinjunkies gibt es den 30 Meter hohen „Sky Fall", bei dem du im freien Fall ins Sicherungssystem springst. Egal ob Familien, Freunde oder Einzelabenteurer – hier findet jeder eine passende Herausforderung.
Adresse: Lågendalsveien 3388, 3277 Steinsholt, Norwegen, Preise: ab ca. 250 SEK pro Person für Tageseintritt (*Stand 2025).

€€ – Floating Sauna – Bastuflotten ReLaxa

Entspanne auf einer privaten Sauna-Flotte im malerischen Stocksunds Hamn, nur wenige Minuten nördlich von Stockholm. Die holzbeheizte Sauna bietet Platz für bis zu 12 Personen und lässt sich mit einem erfrischenden Bad im See kombinieren. Ideal für Gruppen oder besondere Anlässe, um die schwedische Saunakultur in exklusivem Rahmen zu erleben.
Adresse: Stocksunds Hamn, Danderyd, Preise: ab ca. 1.795 SEK für 2 Stunden (*Stand 2025).

€€ – Schlittschuh-Tour – Stockholm Adventures

Erlebe das nordische Eislaufen auf natürlichen Seen rund um Stockholm bei einer geführten Tour mit Stockholm Adventures. Diese geführte Tour ist ideal für Anfänger und beinhaltet Ausrüstung, Sicherheitsbriefing und ein Outdoor-Mittagessen in freier Natur. Besonders faszinierend: das lautlose Dahingleiten auf klarem Natureis, weit weg von der Stadt.
Treffpunkt: Birger Jarls Torg 3, 111 28 Stockholm, Preise: ab ca. 2.345 SEK pro Person (*Stand 2025).

€€€ – Bootsverleih – SamBoat Stockholm

Entdecke die Schären rund um Stockholm mit einem gemieteten Segelboot und erkunde verborgene Buchten auf eigene Faust. SamBoat bietet eine große Auswahl an Segel- und Motorbooten zur Miete an, ideal für Tagesausflüge oder längere Entdeckungstouren durch die Inselwelt. Je nach Bootstyp kann man luxuriöse Ausflüge erleben, bei denen Flexibilität und Naturgenuss im Vordergrund stehen.
Adresse: verschiedene Abholorte in Stockholm, Preise: je nach Boot und Mietdauer ab ca. 1.500 SEK pro Tag (*Stand 2025).

Lohnenswerte Adressen

€ WENIG BUDGET

€ – Öffentliche Bibliothek – Stockholms Stadsbibliotek
Ein architektonisches Meisterwerk von Gunnar Asplund und ein ruhiger Ort zum Lesen oder Arbeiten. Die beeindruckende Rotunde, die riesigen Bücherregale und die ruhige Atmosphäre laden dazu ein, eine Pause vom Stadttrubel einzulegen.
Der Eintritt ist frei, ebenso viele Veranstaltungen wie Vorträge oder Lesungen. Adresse: Sveavägen 73, 113 80 Stockholm.

€ – Parkbesuch – Humlegården
Ein grüner Rückzugsort im Stadtteil Östermalm mit Spielplätzen, Skulpturen und großzügigen Rasenflächen. Besonders im Sommer verwandelt sich der Park in einen beliebten Treffpunkt für Familien, Sonnenanbeter und Freizeitsportler.
Der Eintritt ist kostenlos, ideal für ein Picknick oder entspannte Spaziergänge. Adresse: Östermalm, Stockholm.

€ – Fika-Pause – Café Chokladkoppen
Ein charmantes kleines Café im Herzen von Gamla Stan, bekannt für seine heiße Schokolade und die üppigen Zimtschnecken. Trotz der touristischen Lage sind die Preise moderat, und das historische Flair des alten Marktplatzes Stortorget sorgt für eine besondere Atmosphäre. Hier kannst du die schwedische Fika-Kultur authentisch genießen, ohne dein Budget zu sprengen.
Adresse: Stortorget 18, 111 29 Stockholm.

€ – Kostenlose Stadtführung – Nordic Freedom Tours
Erkunde Stockholm zu Fuß mit lokalen Guides, die dir die Geschichte und versteckten Ecken der Stadt näherbringen. Die Touren basieren auf dem „Zahle, was du möchtest"-Prinzip und bieten eine unterhaltsame Möglichkeit, die Stadt kennenzulernen.

€ – Flohmarktbesuch – Hornstulls Marknad
An den Wochenenden zwischen April und September verwandelt sich das Ufer von Hornstull in Södermalm in einen lebendigen Markt mit Vintage-Kleidung, Kunsthandwerk und Streetfood. Ein idealer Ort, um nach einzigartigen Souvenirs zu stöbern oder einfach die Atmosphäre zu genießen.

€ – Aussichtspunkt – Monteliusvägen
Ein kurzer, aber eindrucksvoller Spazierweg auf Södermalm mit einem der besten Blicke über die Altstadt, den Riddarfjärden und das Rathaus. Besonders bei Sonnenuntergang ist die Stimmung magisch.
Adresse: Monteliusvägen 10, 118 25 Stockholm.

€ – Kunstgenuss – Konsthall C
Ein unabhängiger Kunstraum in einem ehemaligen Heizwerk in Hökarängen, der zeitgenössische Kunst mit gesellschaftlichem Fokus zeigt. Der Eintritt ist frei, ebenso gelegentliche Workshops.
Adresse: Cigarrvägen 14, 123 57 Farsta.

INDEX

A
ABBA das Museum 68
Amphibienbus 145
Anreise 14
Astrid Lindgren 78
Aussichtspunkt 9, 105, 108, 117, 167
Auto fahren 26
Avicii Arena 25, 50, 51
Avicii Experience 52, 53

B
Bergianska Trädgården 112
Biblioteksgatan 56, 57
Bibliothek 38, 61, 167
Boulevard Strandvägen 42

C
City Go Pass 24, 25
Citymaut 26

D
Drohne 19
Drottninggatan 56, 57, 109, 159

E
Einreise 18

F
Fahrradverleih 117, 162, 165
Fika 4, 11, 69, 121, 124, 125, 131, 167
Fotografiska museet 72
Freilichtmuseum Skansen 44, 88, 156, 161

G
Gamla Stan 4, 6, 33, 38, 39, 40, 41, 43, 56, 59, 62, 66, 67, 73, 74, 76, 97, 105, 115, 125, 136, 137, 139, 140, 144, 146, 147, 154, 155, 160, 161, 166, 167

Geschichte 6
Gesundheitsversorgung 19
Gröna Lund Tivoli 46

H
Hausmannskost 37, 47, 138
Hotels 162
Hötorgshallen 132, 133
Hund 18

I
ICEBAR Stockholm 128, 129
Ivar Lo's Park 108

J
Järnpojke 146, 147

K
Kajakverleih 162, 165
Kaltbadehaus 158
Kanuverleih 165
Kindermuseum Junibacken 78
Kletterpark 166
Klima 12
Königliche Kanaltour 148
Königliche Waffenmuseum 96
Konserthuset 152, 153
Köttbullar 4, 10, 11, 126, 127, 135
Krankenversicherung 19
Kulinarisches 11
Kungliga Slottet 38, 41
Kungsträdgården 22, 59, 77, 114, 115, 145, 160, 161

L
Leitungswasser 20
Lusthusportens Park 110, 111

M
Meatballs for the People 126, 127
Mittsommer 91, 139, 156
Moderna Museet 74, 75, 147
Museum für Naturgeschichte 94

N
Nachtführung 140, 154
Nachtleben 7, 150, 151
Nobelpreismuseum 66
Nordiska museet 88, 89, 145
Notfallnummern 19

O
Observatorieplunden 109
Öffnungszeiten 20
Östermalms Saluhall 130

P
Paradox Museum 82, 83, 132
Parken 27
Polizeimuseum 98
Polkagris 136, 137
Prinz Eugens Waldemarsudde 92, 93

S
Schären 5, 11, 12, 13, 19, 24, 26, 43, 118, 119, 166
Schloss Drottningholm 48
Schloss Rosendal 39, 116, 117
Schmetterlingshaus Haga Ocean 106, 107
Skogskyrkogården 54, 55
Spielzeugmuseum Bergrummet 84
Sprache 8
Spritmuseum 90, 91
Stadshuset 25, 104, 105, 153
SUP-Verleih 166

T
Technische Universität 60
Tekniska 59, 60, 61, 70, 71

U
U-Bahn 58

V
Vasa Museum 36
Vaxholm 81, 118, 119
Vrak 37, 80, 81

W
Wachablöse 144
Währung 27
Weihnachtsmarkt 45, 160, 161
Wikingermuseum 86, 87
Wortschatz 8

Z
Zahlungsmittel 27
Zollbestimmungen 18

BILD- UND ABBILDUNGSVERZEICHNIS

Abbildungen
Kartenmaterial
Mussabir Hussar

Diagramme
Mussabir Hussar

Fotos
Shutterstock
2/3 Nicholas Ahonen, 5 George Trumpeter, 7 Natata, 8 ecstk22, 10 Mironov Vladimir, 15 chrisaglon, 17 ginger_polina_bublik, 18 Tete_Escape, 21 Martin of Sweden, 32/33 Nick N A, 36 Mistervlad, 38 Collection Maykova, 40 Mistervlad, 41 biletskiyevgeniy.com, 42 JohnNilsson, 44 trabantos, 46 sadman, 48 Kalin Eftimov, 50 George Trumpeter, 54 Anders Nilsson – Sthlm, 56 Noppasin Wongchum, 58 Double Bind Photography, 60 Stefan Holm, 62/63 trabantos, 66 Collection Maykova, 68 Collection Maykova, 72 Petr Kahanek, 74 Nowaczyk, 76 vvoe, 78 ArtMediaFactory, 80 Alexanderstock23, 82 Jeppe Gustafsson, 84 Alexanderstock23, 86 Michael Gordon, 88 CL-Medien, 90 Jeppe Gustafsson, 92 Igor Grochev, 94 hakanyalicn, 98 Sonia Alves-Polidori, 100/101 Tsuguliev,104 Aliaksandr Antanovich, 105 Lynxs Photography, 106 riggleton, 108 Alexanderstock23, 110 Ilia Solomonchuk, 111 Dennis MacDonald, 112 Ordasiphoto, 114 Francis Crisostomo, 116 Jeppe Gustafsson, 118 Rawlings91, 120/121 iuliia_n, 124 Ronald Sumners, 125 Alexanderstock23, 126 Zuzana Habekova, 127 photoblag, 128 Tony Skerl, 134 Helena Zezulkova, 136 Wirestock Creators, 137 hlphoto, 138 defrocked, 140/141 JohnNilsson, 144 magico110, 146 Travelling2Bprecise, 150 connel, 152 Per-Boge, 154 George Trumpeter, 156 Nadezhda Kharitonova, 160 michelmond

wikimedia commons
S. 99 Von Holger.Ellgaard- Eigenes Werk, CC BY-SA 3.0, https://commons.wikimedia.org/w/index.php?curid=22159509
S. 130 Von Holger Ellgaard - Eigenes Werk, CC BY-SA 3.0, https://commons.wikimedia.org/w/index.php?curid=2932052
S. 132 Von AleWi- Eigenes Werk, CC BY-SA 4.0, https://commons.wikimedia.org/w/index.php?curid=119209907
S. 158 Av Holger.Ellgaard- Eget arbete, CC BY-SA 3.0, https://commons.wikimedia.org/w/index.php?curid=26609769

eigene Aufnahmen
S. 52 lmo Ltd.
S. 70 lmo Ltd
S. 83 lmo Ltd
S. 96 lmo Ltd
S. 148 lmo Ltd.

Icons
https://de.freepik.com

IMPRESSUM

Deutschsprachige Erstausgabe Mai 2025
Copyright © 2025 Thomas Bergmann
Alle Rechte vorbehalten.
Nachdruck, auch auszugsweise, nicht gestattet.
Das Werk, einschließlich seiner Teile, ist urheberrechtlich geschützt. Jede Verwertung ist ohne Zustimmung des Verlages und des Autors unzulässig. Dies gilt insbesondere für die elektronische oder sonstige Vervielfältigung, Übersetzung, Verbreitung und öffentliche Zugänglichmachung.

Thomas Bergmann
wird vertreten durch
lmo Ldt.
Georgiou Karaiskaki 11-13
Carisa Salonica, Office 102
7560 Pervolia, Larnaca
Republic of Cyprus

kontakt@lmo-publishing.de

Covergestaltung Wolkenart- Marie-Katharina Becker,
www.wolkenart.com
Satz: lmo Ltd.

Lektorat und Korrektorat: lmo Ltd.
Herstellung und Verlag: lmo Ltd.

1. Auflage

ISBN: 978-3-911662-08-6

Printed in Poland
by Amazon Fulfillment
Poland Sp. z o.o., Wrocław